子どもとママの「お片づけ」のしかけ！

お片づけ上手になるために最初に読む本

吉井瑞紀 著

セルバ出版

はじめに

はじめまして、整理収納アドバイザー・整理収納教育士の吉井瑞紀（よしいみずき）と申します。

私は、昔からお片づけやお掃除が大好きです。

ですが、おおざっぱでとにかく面倒くさがり屋。

そのため自宅では、「できるだけラクな動きでモノの管理やお掃除ができる」ことが私にとって居心地のよい暮らしです。

しかし、家族がいれば「自分のことだけ考えればよい」というわけにはいきませんよね。

たとえば、「ペンを使ったら元に戻す」という行為。自分がきちんと戻しても、家族が戻してくれなかったら、きっと「面倒くさい」と感じてしまうことでしょう。

では、家族がペンを戻してくれるようになるためにどうしたのか。

私は「家の収納を工夫し、家族のことを考えモノと向き合い」ました。

今では4歳になる娘も「使ったら戻す」が当たり前のこととして毎日過ごしています。

家族のみんなが片づけをする暮らしは一見「大変そう」と思うかもしれませんが、実はケンカもなく、家族の誰かがイライラすることもありません。

そして、親ばかに思えるかもしれませんが、お片づけを仕事にしている私が驚くほど、娘は「お片づけが得意」です。

なぜ、娘がお片づけをするのか？

私がお片づけの先生だからでも、教育ママだからでもありません。

「お片づけが習慣化するしかけをしている」

ただそれだけです。

本書を手にとってくださったあなたは、
・お片づけに興味がある。
・「しかけるお片づけ」って何？
・子どもにお片づけ上手になってほしい
・自分自身がお片づけ上手になりたい
そう思っている方ではないでしょうか。
本書は、「お子様をお片づけ上手にするために」、また「ママであるあなたが素敵なあなたでいられるように」、毎日1つずつ、週に1つずつ、ゆっくりでもよいので、「モノの整理」と「ココロの整理」について考えていただけるようにと思って書きました。
そして、本書を読んでいただいた後には、
あなたはきっと「お片づけのしかけ」を理解し、片づけているという認識なしに、毎日お家が綺麗になっていることでしょう。

そして今より「幸せ」を実感できるはずです。

さて、あなたはいくつ「しかけられる」でしょうか？

しかけることで何が変わるでしょうか。

お片づけのしかけ

私がいう「お片づけのしかけ」とはどういうものか。

本来「しかけ」とは、辞書で調べると次のように定義されます。
①相手にしかけること。先に攻撃などをすること。
②目的のために巧みに工夫されたもの。
誰でも知っているようなことですよね。

「相手の習性や行動を読み、巧みに誘導し目的を果たす」。

たとえば、魚釣りの「しかけ」もそうですし、

「仕掛け」花火も見ている人に感動や楽しさを伝える工夫です。

では、子どもに対する「お片づけのしかけ」とは、
①子どもの現状の心理を持ち、行動の先読みすること。

②子どもが達成感や責任感を自然と感じ、お片づけが楽しいものだと認識するように誘導してあげる大人の工夫。

そして、そのために大切なのが『五感を取り入れ、子どもの行動に一貫性を持たせてあげる』ということです。これが、お子様がお片づけ上手になる近道であり、家族が笑顔になる近道だからです。

このことを踏まえ、事例やイラストなどを加え、「こうすれば続けられる」という具体的なお片づけ方法をシンプルにご紹介します。

整理収納本はたくさん出ていますが、本書は「自宅のビフォーアフター本にはしないこと」、「写真を使わないこと」を徹底しています。皆さんはきっとそれを真似ようとして失敗してしまう、あるいは失敗してしまった経験があると思うからです。

だからあえてイラストで、そしてシンプルに。

お片づけできる具体的なスキルを身につけていただきたいのです。

ではさっそく本題に入っていきましょう。

令和元年12月

吉井　瑞紀

子どもとママの「お片づけ」のしかけ！
―お片づけ上手になるために最初に読む本　目次

第3章　子どもがお片づけ上手に―脳の仕組みと身体の仕組みからお片づけ

第4章　コト別しかけ収納―コト別のお片づけのしかけ

第5章　場所別しかけ収納――場所別のお片づけのしかけ

第6章　ママがもっとラクに―暮らしやすくするしかけ

第7章　暮らし方を変えてみる

第1章　お片づけをはじめる前の大切な考え方

1　大人の意識と子どもの感覚

楽しかったお片づけの思い出はありますか

家を綺麗にする、モノを整理する、使ったモノは片づける。

このように、大人が思う考えは、社会のモラルや経験、見栄を考え発想されています。

そして、お片づけは「やらなきゃいけないもの」や「やらないと怒られるもの」など、大人になるにつれてマイナスな考えへと変わってしまう方がほとんどですよね？

なぜか？

思い出してください。

小さい頃の「楽しかったお片づけの思い出」はありますか。

大好きだった収納（タンスやケースなど）はありましたか。

ない方がほとんどかと思います。

それはほとんどの方が、

「遊ぶ→そのまま→怒られる」という方程式を経験した思い出があるからでしょう。

しかし子どもには、最初に述べた社会のモラルや見栄などはありません。

お片づけのイメージを変える

あなたは今、子どもを叱り、お片づけを「怒られる」思い出にしていませんか。

せっかくなら、お片づけのイメージを「面倒くさい・後始末のよう・しなくてはいけない」ではなく、「綺麗になる・すっきりする・楽しい」ことに変えてみましょう。

お片づけのイメージは、育ってきた人生の中で「どちらのイメージで教えられてきたか」によって変わってきます。

そして、イメージというのは大人になってからそう簡単に変わるものではありません。

心に思い浮かべる「お片づけ」が明るいものであるように、子どもに「お片づけの楽しい思い出」をつくってあげませんか？

♡ポイント

「楽しいお片づけの思い出」をつくろう。

2　「遊ぶ→片づける」までを1つの習慣に

そもそもお片づけは「意識するモノ」なの？

「おもちゃで遊ぶ→お片づけをする」ではなくて、

「おもちゃで遊ぶ（その中のお片づけ）」として捉えてほしいのです。

このように習慣化されることで、お片づけが「後始末的意識」ではなくなると思っています。

たとえば、「うちの主人。料理はしてくれるけど、後片づけができないの」。これは奥様の立ち話でよく聞く台詞です。これは「料理をする」の中に「お片づけ」が入りこんでいない状態で「料理をする→お片づけをする」というイメージだからです。

実際にプロの料理人は、片づけをしながらお料理をつくっています。これは包丁や皿が無限にはないので、洗いながらつくらないとお客様に清潔でおいしい料理をたくさん届けることが難しいからです。

「料理をする（その中のお片づけ）」が当たり前のように習慣化されているのです。

習慣になるまでの期間

このように、習慣づけるというのは、無意識の中に行動パターンをすり込む作業です。

そして、今の自分をつくっているのは、「過去の習慣の積み重ね」です。生まれたばかりの赤ちゃんに「勉強ができる赤ちゃん」「勉強ができない赤ちゃん」が決まっているでしょうか？

この世に生まれたということは、すべての人が平等から始まっています。しかし、成長の中で「コツコツ努力し勉強をする子」「勉強をする習慣のない子」に変化していくだけなのです。

これらは「習慣の差」になります。お片づけも同じです。

習慣をつくるまでは、はじめは大変でしんどいものです。

そして習慣になるまでの期間ですが、色々な学者の研究があり、一概に言えませんが「21日〜半年」が1つの目安となります。ですが「21日」あなたや家族が毎日行動に移せたのなら、もう「習慣になり始めている」ということです。

習慣になったとき、あなたの生活やあなたの人生に必ず変化が訪れるはずです。

♡ポイント

習慣は、継続することで大きな力を発揮する。

3　子どもは自然とお片づけできるようになります！

「うちの子は本当にお片づけができない」でも大丈夫！

「うちの子でもお片づけ上手になるのでしょうか」とよくご質問を受けます。

断言します！　子どもは自然と、そして「無意識に」お片づけができるようになります。

よく「みずきさんのお片づけは才能ですね」と褒め言葉をお客様からいただくことがありますが、実はお片づけは「才能」でも「センス」でもありません。経験からの「積み重ね」、ただそれだけです。

だから誰でも上手になりますし、一番上達する家事だと私は思っています。

そして子どもは、大人に教えるより、よっぽどお片づけについてすんなり学び、実践してくれます。

大人になると固定観念が強くなってしまいますが、子どもの脳は非常に柔軟です。

何より教えたことを素直に受け止めてくれます。これが、私が断言できる理由です。

私が定期的に行っている活動で「お片づけの習い事」というものがあります。

これは、子どもが楽しんでお片づけできるようなワークショップになっています。

子どもが大人になってからお片づけを学ぶのは、とてももったいないことです。

子どもは生まれたときから素晴らしい可能性をもって生まれてきています。

その可能性を広げるためにも、子どもには早いうちから、「正しいお片づけのやり方」と「お片づけの楽しさ」を実感してもらいたいのです。

お片づけで自信が持てる

お片づけを学んでいる子は、大人から見たら「この子はお片づけができてよい子ね」と言われますが、子ども本人からすると、そんな「素晴らしい」ことが「当たり前」になります。すると自然と「自分がやっていること＝よいこと」に繋がり、自分に自信が持てるようになります。

勝手に褒められ、勝手によい子になる。

ごみが落ちていたら拾う。水がこぼれたら拭く。

靴が乱れていたら整える。そんな大人になるはずです。

「お片づけって楽しい、嬉しい」

１人でも多くの子どもがそう思って大人になりますように。

♡ポイント

お片づけは才能でもセンスでもない。積み重ね。

4　目指してもらいたい「無意識でお片づけ」とは

目指すは「無意識でのお片づけ」です

お片づけサポートへ伺い、お片づけをすると疲れてしまうお客様は多いです。理由を伺うと、「お片づけはすごく頭を使うから」とのこと。実際にそのとおりで、お片づけは、はじめはとても「脳」を使います。ですが、私が皆さんに目指してもらいたいのは「無意識にお片づけ」なんです。

「無意識ってなんだか何も考えてなさそうで…」とお思いかもしれませんが、人間は無意識である潜在意識でなんと95%を占めているというデータがあります。また、「人は1日に約９０００回決断している」と言われているのですが、実際は5%くらいしか意識的に決断はしていないそうです。そう、ほとんどの決断は「無意識の中」ということです。

たとえば、歩行もそうです。リビングの机に置いてあるコップを取りに行くのに、いちいち、「右・左・右」などと意識して歩いていますか。歯を磨く順番や身体を洗う順番も、言われてみたらいつも左だったなんてこともありますよね。すべて意識的に行っていたら、頭を使いすぎて毎日生活するだけでヘトヘトになってしまうでしょう。

そして「無意識」の最大の特徴は、エネルギーをほとんど使わないので「脳」が疲れないということです。脳が疲れないため、精神的ストレスや余計なエネルギーを使うことがありません。

だから「長く続けられる」。長く続けることで、自然と行動することができるようになるのです。

さらに、無意識が長期的に続くと気づいたら「やらないと落ち着かない」や「すっきりしない」ことに繋がります。これは、大人になってから習慣づけるとなるとなかなか大変なことです。

子どもだからこそ、無意識を植えつけることができるのです。

ではこの「無意識をつくりだす」ためには、どうしたらいいのか。

はじめは意識的に取り組んでみる必要があります。

歯磨きでも「奥はしっかり磨けたかな？」、「下の歯だけではなく、上の歯もしっかり磨けたかな？」というママの声かけや、手の動かし方が子どもに意識を与え、気づいたら子どもだけで、テレビを見ながらでも勝手に手が動き、磨けるようになります。

お片づけも「無意識で」できるようになると、脳が疲れずラクに取り組むことができます。

♡ポイント
無意識で疲れないお片づけを目指そう。

5 「片づけなさい」と言っていませんか

子どもは「お片づけのやり方」を知らない

「片づけなさい！」ママであるあなたも一度は使ったことがある台詞ではないでしょうか？　ですが、よく考えてみてください。「片づけなさい！」と言われても、「お片づけのやり方」を子どもは知っているでしょうか。子どもは、「やり方を知らないから、お片づけができない」のです。

「挨拶はなぜ大事なのか」、「遅刻はどうしてだめなのか」と同じで、「片づけることがなぜ大事なのか」や「なぜ片づけないと怒られてしまうのか」を子どもはわからないのです。お片づけを「ただしまえばいいんだ」と考えているならば、子どもは「しまい込むこと」が「お片づけ」だと思ってしまいます。

すると、子どもが宿題を終えたときに、腕でガーっとモノをかき集め、引き出しにそのまま入れてしまったり、お友達が来るとお部屋に出ている洋服や雑貨をクローゼットに詰め込んでしまったりしてしまいます。

何かを隠すにも、面白いほど引き出しやクローゼットに詰め込んでしまいますので、点数が悪いテストなどもよく隠されています。

また、大人の方でも多いのが「来客があるから」と一生懸命にお片づけをする行為。新築住宅を建てるときやリフォーム時のお家の間取りを決めるときにも、「しまい込む場所」が欲しくて、家中のあちこちに「しまい込むための収納」をつくる方もいらっしゃるくらいです。ですが、家の収納が多すぎると、モノを増やしてしまいがちです。

お片づけは決して「しまい込む」ものではないのです。

そして「お片づけしなさい！」と言われて大人になるのではなく、これからの新しい時代を生きる子どもたちに「正しいお片づけ」を教えましょう。

では、お片づけの教育はいつからはじめればいいのか。

早ければ早いほうがもちろんいいです。お片づけ教育は０歳からでも可能です。

そして「もう遅いの？」と思っている方でも、もちろん大丈夫です。

「変わりたい」、「もっと子どもと向き合いたい」、そんな気持ちがあれば遅いなんてことはありません。本書では、何歳までとは一言も書いていません。

♡ポイント
「片づけなさい！」ではなく、お片づけのやり方を教える。

6　子どもにお片づけしてもらいたいのは、なんのため？

子どもにお片づけしてもらいたい理由は

「あなたの見栄？」、「子どもがよい子になるから？」

…それは、本当に子どものためでしょうか。

まずはそれを自覚しないと、子どもに怒ってしまう「ザ・教育ママ」になってしまいます。ですが、本書を手にとってくださったということは、「子どもにお片づけしてほしい」と子どもを思う気持ちがあるからでしょう。

では、子どもがお片づけ上手になると、どうなるのかをお伝えします。

色々なメリットがありますが、探し物にかかる「時間の無駄」や無駄遣いをする「お金の無駄」をなくすことができます。また、綺麗なお部屋になることで得られる「前向きな気持ち」など、精神的に与える影響もたくさんあります。

そして、子どもにお片づけを教えると、人生にとって必要な力である「好奇心」、「集中力」、「表現力」、「判断力」、「決断力」、「モノを大切にする力」など、生きる力である「自立心」も学べます。

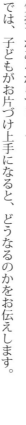

お片づけやモノへの興味を持ち、モノと向き合う力、要・不要を判断する力。そしてモノを自分の使いやすいよう状態にするということは、表現する力を鍛えるものでもあります。

子育ての最終目標は「自立すること」

子どもの年齢があがるにつれ、判断することも多くなり、時には判断だけではなく、決断力が必要になることもあります。モノを大切にすることを学ぶことで、子ども自身が本当に大切なことに気づくことができます。お片づけで学べることはこんなにも「生きる力」で満ち溢れています。

子育ての最終目的は「自立すること」といってもよいでしょう。

整理収納を実践し続けると「自分は○○だ」と一言で言えるようになります。

自分に必要なモノを選ぶ力というのは、「自分自身を明確につくりだす」ことでもあるのです。明確になるほど、自分が何をすべきか、どうするべきか、どんな生き方をしたいのかが見つかります。あなたや子どもが人生に迷ってしまったとき、「自分にとってこれだ」という生き方を見つけ、その道を歩くことができるように、お片づけ上手になっておいたほうがよいでしょう。

♡ポイント

お片づけを通して、好奇心・集中力・表現力・判断力・決断力・モノを大切にする力。
そして「生きる力」=自立心を身につけよう。

7　モノを大切にするとは

「モノを大切にする」とはどういうことか

皆さん誤解をされているのですが、「モノを大切にする＝モノを捨てない・モノを取って置く。」そんな風に考えている方が多くいます。

この考えは戦時中を生きてきた方に多いのですが、戦時中は今と違ってモノがなかった時代。そのため、その時代を生きた子どもは、「モノを大切にしなさい＝捨てるな」という認識で育っています。

それが親子代々伝わり、モノを大切にすることは「モノを捨てないこと」だと、現在のようなモノに溢れた社会の中でも、そのような認識をしている方が多いのです。

でも本当にモノを大切にするとは、

①モノをしっかりと使ってあげること。

②メンテナンスしてあげること。

プロの演奏家・プロのスポーツ選手はどうでしょう。

演奏家であれば、演奏後しっかりメンテナンスをし、楽器を磨き、楽器の手入れをします。ちょっとした調整で音の影響を受けるためです。ボタン1つひとつ、部品1つひとつ細かくチェックし、メンテナンスは絶対に欠かしません。プロのスポーツ選手でも、試合後はしっかり汚れを落とし、重さの変化や少しの傷の変化をしっかり確認します。

あなたが演奏家やプロのスポーツ選手でなくても、モノを大切にすることはできますよね？

モノを大切にすることは、モノのためだけではなく、あなた自身のためでもあるのです。

そしてモノには必ず「つくっている人」がいます。こんな風に使ってほしいと願って、モノはつくられているのです。あなたが、そのモノを使わないことで、悲しむのはモノだけではなく、モノをつくっている製作者の方も悲しむでしょう。もっとそのモノを大切に使ってくれる方もいるはずです。

あなたはモノを大切にしていますか。

使っていないおもちゃは本当に幸せでしょうか。

何年も使っていない洋服、それをつくったデザイナーさんはどう思うでしょう。

♡ポイント
モノを大切にするとは、モノをしっかり使い、きちんとメンテナンスすること。

8　子どもが片づけられないのは私のせい？

子どもがお片づけできないのはママのせいではありません

私も「子どもの注意力が足りないな」と感じたとき、やはり自分を責めていました。「どうしてこうなのだろう」、「どうしてわからないのだろう」そう自分を責めることしかできなかったのです。しかし、自分を責めたところで気持ちはマイナスになるだけで、子どもによい影響を1つも与えられません。

もしご自身を責めているのであれば、そのベクトルの方向を変えてみましょう。自分を客観的に見るのです。

自分と子どもを客観視して、第三者として考えるようにする。そうすると、「自分を責めるのではなく、何が原因なのか」を探すことができます。

たとえば、「子どもがお片づけをしてくれない」と悩んでいるなら、子どもがお片づけを苦手な理由を客観的に見ることです。

すると、原因が見えてきます。「片づける必要性を子どもが感じていない」ということが。

片づけられない子どもは部屋がゴミだらけでも、おもちゃがゴチャゴチャでも気にしません。ですから、いくら「片づけなさい」と言ったところで、お片づけのメリットが感じられないので、面白くないのです。

私は本書を通して、子どもがお片づけ上手になるだけではなく、あなたにも幸せになってもらいたいのです。そのために、あなた自身がお片づけから得られるたくさんのメリットを見つけてください。どうか自分を責めないでください。

すると子どもにも自然とメリットが伝えられるようになります。

「片づけができないとダメ人間？」
「ママは子どものことをすべて知っていなくちゃいけない？」
「ママだから自分のことを我慢しなくちゃいけない？」そんなことはありません。

尊重しながら、助け合いながら、一緒に成長していきましょう。

責めることをやめ、もっとラクに育児を楽しみませんか。

♡ポイント

自分を責めず、お片づけのメリットを感じよう。

【著者メッセージ①】

さて、この1章ではいくつかのポイントになる言葉をあげさせていただきました。

「習慣」「無意識」「自立心」など、少し精神的な部分を掘り下げて考えることにより、私たち大人も一度、子どもの気持ちに立ち返ることができます。

「わたしも子どものとき、こうだったたな」と思えた方もいると思います。

それがまさに、お子様をお片づけ上手にする第一歩です。

まずはお片づけのメリットを感じていただき、お子様と一緒にお片づけを楽しんでいただくことが一番大切です。

きっとこれからは、「片づけなさい！」と怒ることなく、片づけそのものを楽しみ、あなた自身にも変化が訪れることでしょう。

大人でも「面倒くさいな」と感じてしまうお片づけだからこそ、やらされてするのではなく、お子様から自らできるよう「習慣」にすることが大切です。

次の章では、実際に「お片づけの進め方」を見ていきましょう。

子どもにお片づけを教えるには、ママであるあなたが、「お片づけの基本」を知ること。

そして「親の背を見て子は育つ」というように、まずはあなたがお片づけをしている姿を見せてあげましょう。

第2章　正しいお片づけのやり方
―お片づけの基本

1　どんな暮らしがしたいですか

あなたはどんな暮らしがしたいですか

すっきりとしたまるでホテルのような暮らし？

それともお家でカフェができるような暮らし？

お友達を招くことができるような暮らし？

これは私がお片づけサポートとしてお客様のお宅に伺うとき、必ず聞いている質問です。この答えは皆様それぞれ違います。

あなたがどんな暮らしを望むかによって、あなたらしい環境に変わってきます。

美容院に行ってイメチェンするときのことを思い出してみてください。

「少し大人っぽい雰囲気にしたいな」、「旦那さんに可愛いって言われる髪型にしたいな」と雑誌などをめくって、理想を描きますよね。このワクワクする気持ちはお片づけも同じなのです。

このようにお片づけをする前には必ず「イメージ」をすることが大切です。

そして、同じ家族でもイメージが違うことを忘れないよう気をつけてください。

子どもの部屋ならば、子どもの意見も聞いてみましょう。

ご主人の部屋ならば、ご主人にイメージを聞いてみましょう。

リビングならば、家族全員のイメージを話し合ってみましょう。

家族にとって居心地のよい場所にするためには、家族の意見は大切です。

そしてもう1つ大事なこと。決して「お片づけ」をゴールにしないでください。

「片づける」ことが目標だとモチベーションが上がらないため、途中で挫折してしまう確率が高いです。

「こういう暮らしをしたいからお片づけをする」、「誰かのためにお片づけをする」。そう考えると、自然とお片づけを「やりたい」という前向きな気持ちになるはずです。

お片づけは「手段」であって、「目標」ではないということです。

そしてきちんと自分で決めた目標はあなたを後押ししてくれます。

勉強をする理由も皆さんそれぞれ違ったはずです。「家族に褒められたいから」「よい大学に入りたいから」「気になるあの子に振り向いてほしいから」理由はなんでもよいのです。自分で決めた目標があるだけで、苦手な勉強でも頑張れるのです。

さて、あなたはどんな暮らしがしたいですか？

♡ポイント
お片づけはイメージをすることから。

2 「見る」で問題点を知る

現状をしっかり「見る」ということは？

「子どもの現状の心理を探り、行動の先読みする」ために

まずは子どもの「現状の行動や心理を観察する」ことから始めます。

それが「現状を把握する」ということです。

現状をしっかり「見る」ことは、出発地点を知ることであり、出発地点から到着地点までの道のりを歩み始めることです。

やり方は、「現状どんなことで困っているのか」、「現状何ができていないのか」紙に箇条書きで書きだしていきます。

次に、子どもの心理を知ることです。「なんでお片づけをしないのか」と怒るのではなく、聞いてみます。

もしかしたら、「すぐに使いたいから、そこに置いておきたい」のかもしれません。なにかしら理由があるはずです。よくテレビの後ろにおもちゃを隠している子どもがいます。きっと言葉ではうまく言えないけれど、子どもなりの理由があるのです。

そして、「子どもがモノを出し、そのままにしてしまうパターンを知ること」です。探偵になったつもりで、考えてみるのです。「ふむふむ、いつもここに洋服を置く傾向があるぞ」、「お腹がすくと、どうやらお片づけができないらしい」と現状を把握したら、子どもの行動を先読みしましょう。

もしテレビの後ろにおもちゃを置いてしまうなら、そこに「しかけ」を用意してください。

たとえば、テレビの後ろに1つカゴを置いてみて、子どもがカゴにおもちゃを入れるのを見たら、とにかく褒めることをしてください。

では、そのカゴを違う所に置くとどうでしょう？

子どもは不思議とテレビの後ろではなく、「褒められるカゴ」におもちゃを入れたくなるのです。

このように、まずはしっかり我が子を観察してみましょう！

現状を「見る」と、達成感も大きくなります。「何がどうよくなったのか」、しっかり理解できるからです。

私がお片づけやお掃除が好きなのも、「目に見えて成果がわかるから」という理由があります。

しっかり「現状を見る」ことからはじめると、成果や達成感を得られます。

♡ポイント

現状を把握し、今ぶつかっている困難から、あなたが決めた目標に向かって歩み進める。

3　整理・収納・整頓・お片づけの言葉の違い

同じ意味で使われている言葉でも違いがある

◎整理―必要・不必要を分ける・不必要なものを取り除くこと
◎収納―今使っているモノをより使いやすくするもの
◎整頓―見た目よく整えること
◎お片づけ―使ったモノを元の定位置に戻すこと

ピンと来ない方、思い出してみてください。

よく児童館や小学校で「整頓」、「お片づけ」と書かれていませんか。

「整頓」とは見た目よく整えること。使った絵本やおもちゃを「見た目よく整えてほしい」ということです。「お片づけ」とは「使ったおもちゃをしっかり元の位置に戻してね」ということです。

「整理」もしくは「収納」とは書かれていないかと思います。公共施設のモノを勝手に取り除き「整理」することはできませんから。

家でできないお片づけが学校でできる理由

小学校などでも、先生に「○○くんは学校でお片づけがきちんとできています」と言われませんか？「家ではできないのになんで？」と思うママも多いことでしょう。

それは学校では既に、「しかけ」がされているからです。たとえば、帽子置き場・ランドセル置き場・下駄箱など、すべてのモノをしまう位置が決まっています。だから「元に戻す」ことができるのです。

さらに、学校ではそれがみんなの「ルール」となっています。

家でお片づけが上手くできないのは、このルールがないからではないでしょうか。

さて、あなたがまず、するべきことは？

そうです、家の環境を整え「家でのお片づけのルール」をつくることです。

そのために、まずは「あなたが」持っているモノが本当にあなたにとって必要なのか？

子どもに影響力を与えてくれるモノなのか？

実際に手にとって、モノと「向き合う」ことが大切なのです。

♡ポイント
言葉の違いを知り、環境を整え「ルール」をつくる。

4　お片づけがラクにできる黄金ピラミッドとは

「整理→収納→整頓（お片づけ）→掃除」これがお片づけの黄金ピラミッド

正しいお片づけは、

下の図のようにピラミッドの土台から上を目指していきます。

ピラミッドの底辺の部分なくして、

収納やお片づけ、掃除はできないということです。

このピラミッドを理解していただくために、メイクを例に説明しましょう。

皆さんどんな順番でメイクしていますか？　下地をつけてファンデーションを塗り、アイシャドウやチーク、最後に口紅をつけていくのが一般的ではないでしょうか。

その順番を逆から始めると、どんなことが起こるでしょう？

せっかくつけた口紅やチークなどがファンデーションや下地に埋もれてしまい、せっかくのメイクが台無しになってしまいます。

メイクにも正しい順番があるように、お片づけにもその「順番」があるということです。

効率よくお家を綺麗にするには、この黄金ピラミッドの土台から、「整理→収納→整頓→そして

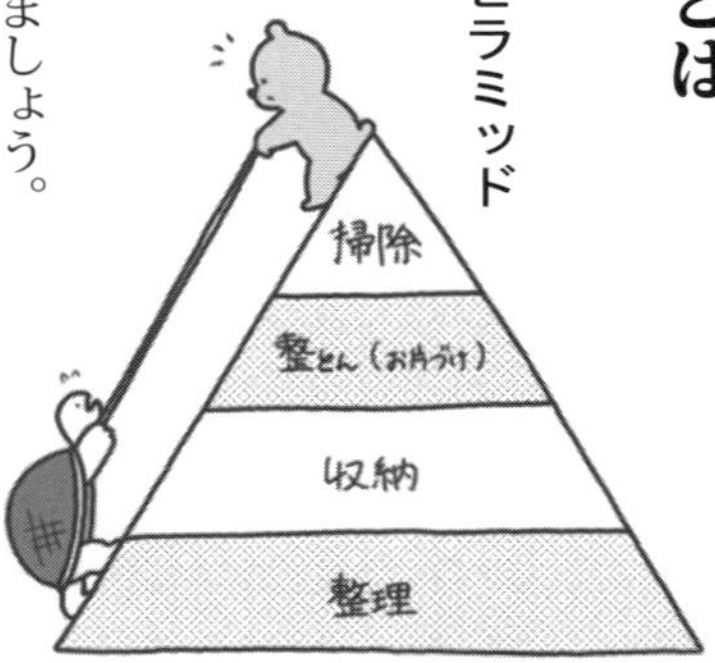

最後に掃除」の順で行う必要があります。

お片づけにもその「順番」があるということです。効率よくお家を綺麗にするには、この黄金ピラミッドのように、整理→収納→整頓→そして最後に掃除の順で行う必要があります。

順番に1つずつこなす

そもそも、モノが床に散らかっていたり、テーブルにモノが置かれているといった、整理ができていない状態でのお掃除は、「使っていないモノ」をいちいちどかして作業することなので、かなりの重労働です。お掃除する気力さえも失ってしまう原因になります。

きちんとこの手順を踏んでいれば、床やテーブルには常にモノが「ない」状態ですので、すぐにお掃除に取り掛かることができます。

一気にやろうと思わなくていいので、まずは黄金ピラミッドの土台である整理から1つずつこなしていくことが大切です。

この黄金ピラミッドを理解した上で、「お片づけの正しいやり方」について次のページから「お片づけの階段」をあがっていきましょう。

♡ポイント
まずは土台の整理から。お片づけは地味にコツコツが一番。

5　お片づけを行動にうつす「お片づけの階段」とは

いよいよお片づけが習慣化されるために第一歩を踏み出すとき

もう頭の中に、「暮らしたいお家のイメージ」が浮かんでいますか？

「現状」と向き合うことはできたでしょうか？

では、実際にお片づけを行動にうつしてみましょう。

第一歩「モノと向き合う」＝整理をする。

「今使っているか・使っていないか」

「今後使う予定があるか・今後の予定が未定か」

「あなたにとって必要か・必要でないか」とモノと向き合います。

このとき「使っていない」「必要ではない」ほうに決まったモノたちは、「手放すのか」それとも、「他の場所へ移動するのか」を判断してあげます。

お片づけは「捨てる」イメージが強く、整理に苦手意識をもつ方が非常に増えていますが、「整理＝捨てること」ではありません。

これについては次のページで詳しくお話させていただきます。

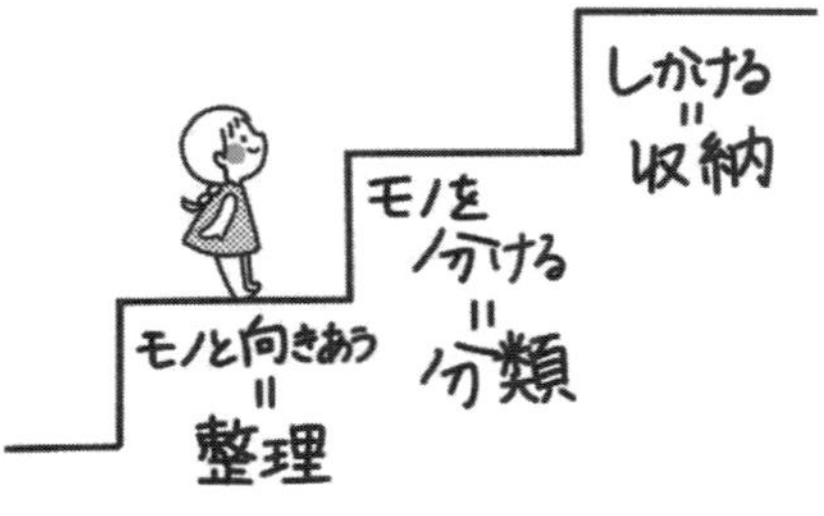

お片づけが習慣化されるための第二歩・第三歩

第二歩「モノを分ける」＝分類をする

「必要」と自分で判断し選んだモノを「分ける」作業になります。

分けるということは実はとても大切です。

使いやすくなるだけではなく、他にもメリットがあるのです。

第三歩「しかける」＝収納をする

「分類したモノ」を、それぞれの場所に「しかけて（収納して）」いきます。

このように段階を踏むことで、あなたがイメージしている「理想の暮らし」の道のりから、外れることなく、確実にお片づけを進めることができます。

そして、階段を一段上がると、なかなか下がることはないのです。

一歩ずつ確実に、そして頑張りすぎずラクにのぼっていきましょう。

♡ポイント

モノと「向き合う→分ける→しかける」。

この「3つの階段」でみるみる上達します。

6　第一歩：モノと向き合う（整理のやり方）

整理とは、「今の自分にとって不必要なモノを取り除く」こと

さて、整理をするときには必ず収納から「すべてのモノ」を出します。「すべてのモノ」を収納から出して眺めることから始まるのです。「こんなに持っていたのか」など、気づきが必ずあります。

整理とは、「今の自分にとって不必要なモノを取り除く」という意味があります。これはとても大変な作業であり、人それぞれ時間のかけ方が変わってきます。

そのときに「今の自分にとってこのモノが必要か、不要か」、「このモノが私に何を与えてくれるのだろうか」と考えるのです。

と言っても、「自分にとって何が必要なのかわかりません」、「全部自分にとって必要なんです」という方もいらっしゃるかと思います。

でも、私が言っているのは「不要なものを必ず捨ててください」ということではないのです。もし文具の引き出しの中にコンタクトレンズケースがあったらどうでしょう。…文具として使わなければ、コンタクトレンズのある洗面所に持って行ってほしいのです。

モノを減らしてすっきりさせるには

もし「モノを減らしすっきりさせたい」のであれば、次の考え方がよいかと思います。

「過去の自分」「未来の自分」ではなく、「今の自分」と向き合うこと。

「昔高かったから持っている」＝過去の自分
「今後使うかも知れないから」＝未来の自分
「今自分がそのモノを使っているか」＝今の自分

このように「今の自分」と向き合うことで、過去の中の思い出から抜け出すことができ、より素敵な未来を切り開く手段となるのです。

なので、整理は絶対にその持ち主である「ご自身」でしかできません。

私が、お客さまのモノを勝手に整理するわけにはいかないのです。

このように、モノの整理というのは、モノと向き合うだけではなく、自分自身と向き合うことでもあります。きっと整理をするとあなたの心もスッとラクになるはずです。

♡ポイント

過去でも未来でもなく、「今の自分」と向き合うこと。

7　第二歩：モノを分ける（分類のやり方）

モノを「分ける」ということは

モノの分け方には多様な種類があります。
この分け方はあなたの生活にあった分け方をすることをおすすめします。
まずはとにかく「モノを分ける」ことが大切だということを知ってください。
さらに細かく分類するときは、これらを「2つ以上」組み合わせるとよいでしょう。

分け方例

①使用目的別＝文房具「書く」「貼る」「切る」「消す」
②種類別＝洋服「半袖」「長袖」「ズボン」「スカート」
③使用頻度別＝「よく使う」「たまに使う」「あまり使わない」「そもそも使ってない」
④使う場所別＝お掃除用品「玄関」「リビング」「キッチン」「お風呂」
⑤人別＝「パパ」「ママ」「長男」「長女」
⑥色別＝「黒」「白」「青」「赤」

組み合わせ例（食器の場合）

食器なら、「②種類別×③使用頻度別」で分けてみましょう。「②種類別：（コップ・お皿）」×「③使用頻度別：（毎日使う・週一回・年一回）」それによって収納の置き場を考えます。

②「コップコーナー・お皿コーナー」と分けて、③「毎日使うもの」は、一番使いやすい場所に。反対に「年一回」は、普段使わない上棚などに。

「分ける」メリット

そして、下のイラストのように、洋服という1つのアイテムでも分け方を変えるだけで「数」がわかり、「自分の購買傾向」がわかり、更にはモノの「減らしどころ」がわかります。

このように、分けるメリットは、「ただ使いやすくなる」だけではなく、「あなたが持つべき量（適正量）を把握」できます。

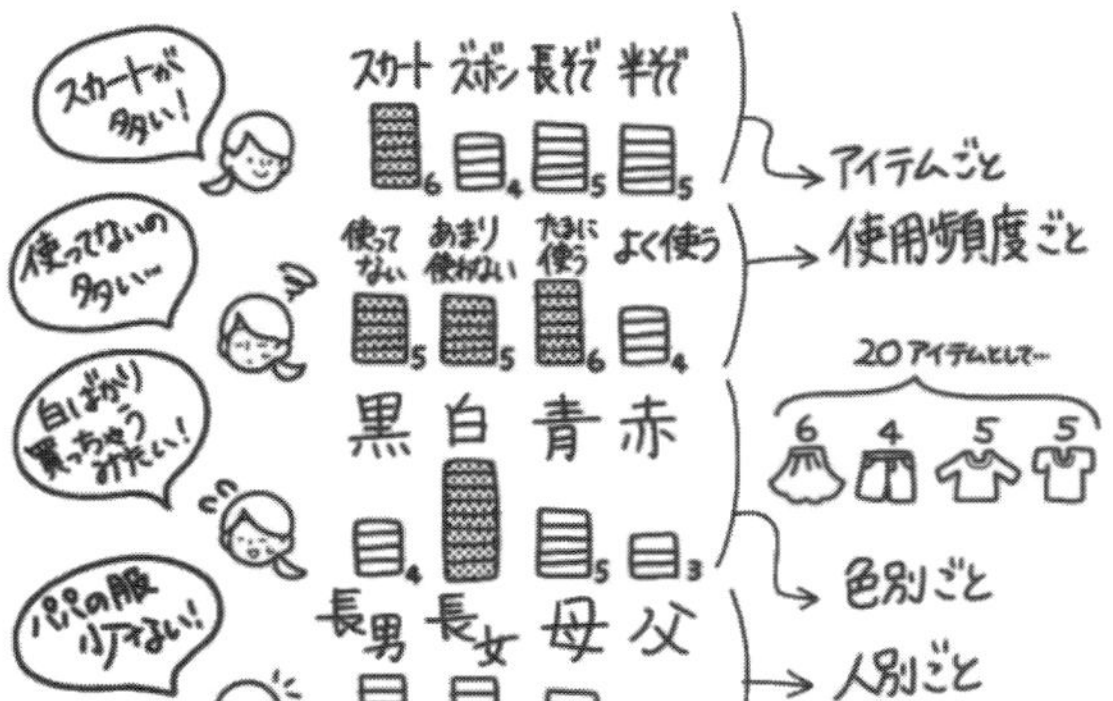

♡ポイント

分けることで、「数」や「自分の購買傾向」がわかり、更に「減らしどころ」も見えてくる。

8　第三歩：モノをしかける＝（収納のやり方）

モノの「整理」ができ「分類」ができたら、いざ「収納」のステップに

まず大事なポイントですが、「収納＝しまいこむ」ことではありません。

「収納＝使いやすくするためにする行為」なのです。

このとき「使うときのことを考えて収納できているか」、「余裕を持った収納ができているか」を考えてみてください。使うときのことを考えると、いつも使っている「子どものオムツ拭き」を、「引き出しの中を開けて、蓋付きのボックスに入れて保管」なんてことはしないでしょう。

収納で重要なことは、「8割収納」を心がけることです。

2割の余裕を持つことで「急な増加に対応することができる」、「モノが出し入れしにくい状態を防ぐ」、「モノが痛むことを防ぐ」と、たくさんのメリットがあります。

「出し入れがしにくい」と感じたときは、モノを詰め込みすぎているサインです。2割の余裕を持ちましょう。

「モノにあった収納」と「ヒトにあった収納」

もう１つ重要なことは「モノにあった収納」と「ヒトにあった収納」ができているか。

①湿気や温度、②安全面、③身体面、④衛生面などにも配慮することが大切です。

①湿気や温度：たとえば、カメラは湿度に弱いです。湿気から守るように収納する必要があります。

②安全面：高い位置に重いモノを置いて、地震の時に崩れ落ちてきたら危険ですよね。

赤ちゃんがいらっしゃるご家庭でも安全面から考える注意点は多いです。

③身体面：お年寄りの方に高い位置への収納をすすめる、膝が悪い方に低い位置への収納をすすめる、子どもが届かない位置へおもちゃの収納をすすめたら、どうでしょう？

身体面を考えることは「人への思いやり」を考えることでもあります。

④衛生面：バスタオルをホコリが多い場所に収納していませんか？

赤ちゃんのおしゃぶりが床に転がっていませんか？

そして、子どもには「そこにしまいたくなるように」しかけるのです。

楽しくお片づけできる環境の準備をしていきましょう。

♡ポイント

収納は「使いやすくする」ためにする行為。

9　お片づけがどんどんできるようになる「ステップ」のまとめ

「お片づけのやり方」のまとめ

第2章でお話しした「お片づけのやり方」をまとめたのが下の図になります。

まずは、「①どんな暮らしがしたいか」のイメージをすること。

そして「②現状をしっかりと見る」。

次に、③（整理）④（分類）⑤（収納）は、実際に皆さんがお片づけを行動に移すための「階段」（お片づけの階段）になります。

最後に「⑥ルールを決めて習慣化」する。

するとどうでしょう？

「⑦理想の暮らし」になっているはずです。

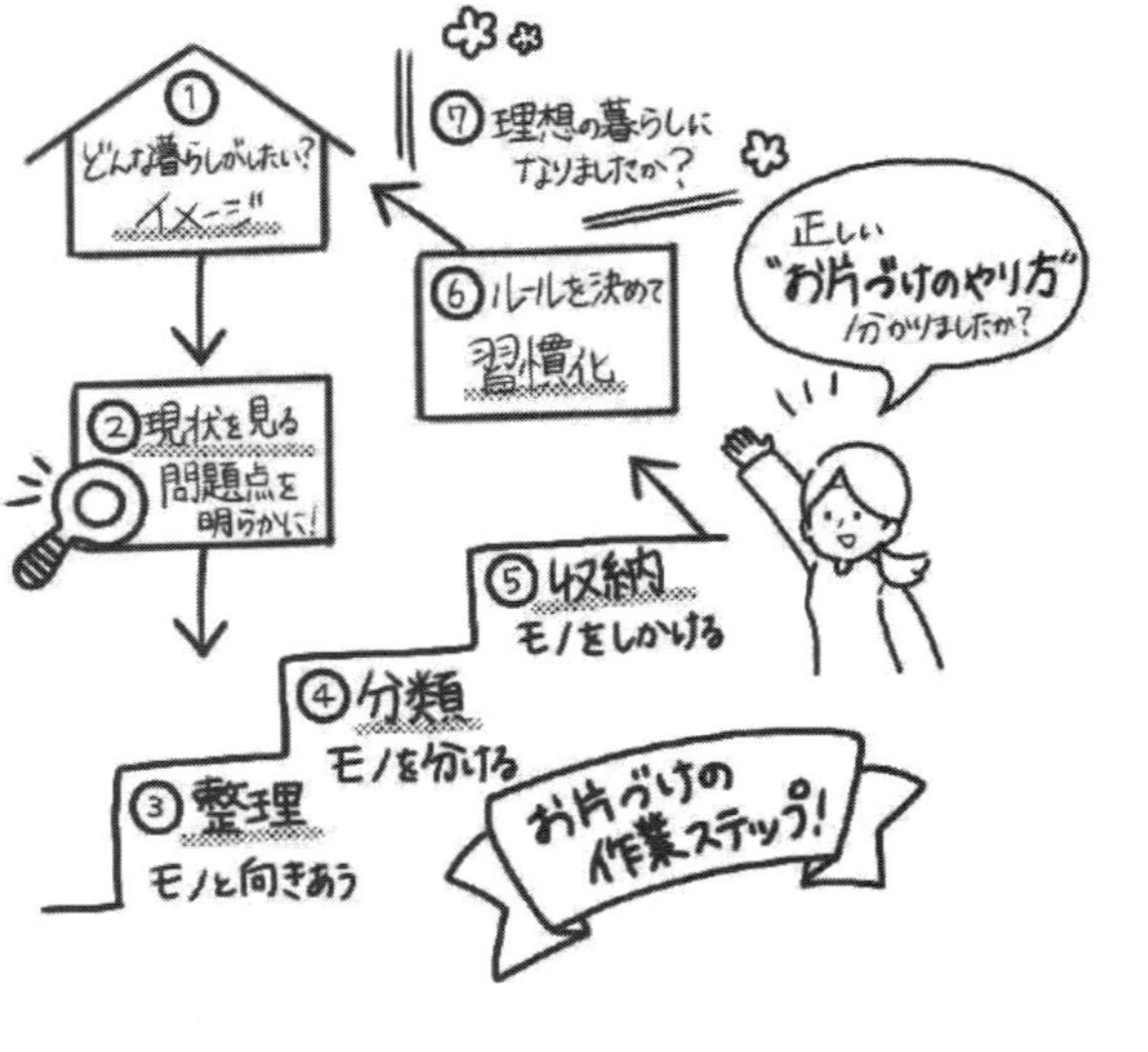

子どもの成長やライフスタイルにあわせて、いつでも使いやすく

これを家全体とまとめて行うと、元に戻す作業が大変なので、この７つの作業ステップを「キッチン」、「押入れ」など、ご自身でできる範囲でやってみましょう。

これが私が思う「正しいお片づけ」のやり方で、子どもがお片づけできる環境をつくる流れになります。

このステップどおりにお片づけを進めれば普段のお掃除もラクになります。

そして、子どもは必ず成長します。一生そのままの収納ではないのです。

たとえば、「保育園を卒園したのにずっと保育園バックをリビングに置く」「サイズアウトした子どもの靴をいつまでも玄関のくつ箱にしまって置く」これはスペースがもったいないです。一度、モノの定位置を決めたとしても、成長にあわせて入れ替えたり、棚板の調整をすることも必要です。

子どもの成長やご家庭のライフスタイルに合わせ、「どんな暮らしがしたいのか」を改めて考え、①の「イメージ」から始めてみましょう。

家族とともに収納も変化し、成長していく。

それくらい「整理収納」はあなたやご家族にとって近い存在なのです。

♡ポイント
お片づけは手順を踏めば必ず上手くいく。

【著者メッセージ②】

「どんな暮らしがしたいか」のイメージはできあがってきたでしょうか。

第2章では、「どんな暮らしがしたいですか」からはじまり、

「見る」で現状を把握することの大切さ。意外と知らない言葉の違い。

そして、お片づけがラクにできる「黄金ピラミッド」。

お片づけを実際に行動にうつす「お片づけの階段」。

そして、お片づけがどんどんできるようになる「ステップ」についてお話しました。

ここでは、モノを手放したくないということについて追記させていただきます。

モノを手放したくないというのは「もったいない」といった「損したくない」という感情が働くからです。実はこの感情は「執着」からきています。

そこで、「必要なモノを捨てても損しない。むしろ得をするのではないか？」そうして「過去に片をつける」それが「片づけ」であり、モノを手放すときのポイントでもあります。

そして、もしモノを手放すことができたなら、「本当に好きなモノ」や「自分がしたいコト」が見えてくることでしょう。手放すときは「今まで自分を支えてくれたモノ」に感謝を込めて……。

次の章からは、子どもたちの脳や身体の仕組みからお片づけを考えていきましょう。

きっとお子様に対する向き合い方や声かけが変わってくるはずです。

第3章　子どもがお片づけ上手に
―脳の仕組みと身体の仕組みからお片づけ

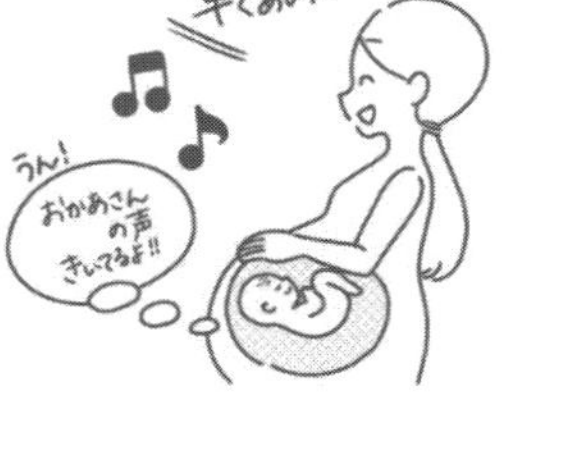

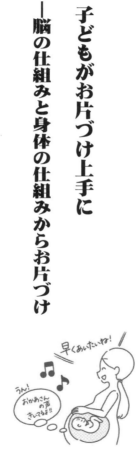

1　脳の発達と「五感」から学ぶお片づけ

「脳」と「五感」の関係とは

　脳は人間にとって最も大切な部分です。「ココロの成長」「カラダの成長」に脳は重大な役目があります。その脳を育てるために、大切なのは「五感」なのです。そもそも五感とは「聴覚・嗅覚・視覚・聴覚・味覚」があり、それぞれ成長のスピードも違います。

聴覚：胎児のときから成長　嗅覚：3〜4歳くらいで完成
触覚：新生児と大人が同じくらい　視覚：小学校2〜3年生で完成　味覚：3歳くらいで完成

　このように「五感」の成長は年齢によって変わってきます。なので、成長に合わせて五感を取り入れたお片づけをおすすめします。

　ちなみに0歳児で発達する五感は「聴覚」と「触覚」で、ママのやさしい声かけやボディータッチというのは、子どもに一番伝わりやすく、より愛情が届きやすいです。中でも、「聴覚」はママのお腹にいるときにすでに発達しています。妊娠中にクラシックや英語の音楽を聴くママも多いですね。お腹の中にいるときから赤ちゃんはママの傍にいるので、ママの声はすぐにわかるものです。

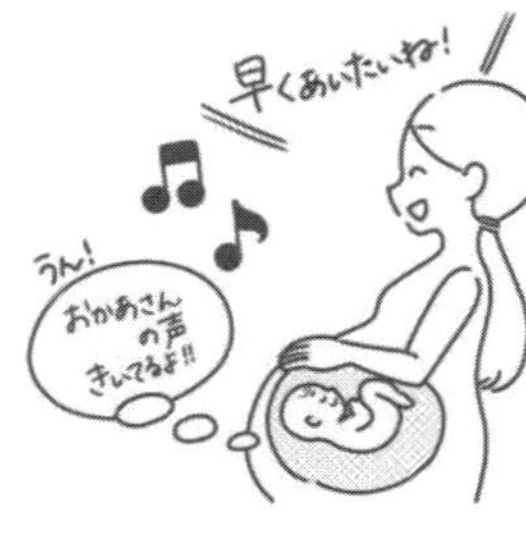

ただ、新生児に声かけをしてもあまり反応がないというのが現実です。それは「反応する神経」が未熟だからです。それでも子どもにはきちんとママのやさしい声が伝わっています。ママの声かけで世界が決まると言っても過言ではありません。

同様に「触覚」もとても敏感です。抱っこを止めたらすぐに気がつきますよね。

また、赤ちゃんの視力は弱いですが、「人の表情を読む能力」の発達ピークは生後６か月までと言われています。そして生後９か月くらいには「ママの真似っこ＝摸倣」がはじまります。

この乳児期を、「子どもとどう過ごすか」「どういう表情で過ごすか」「どんな声かけをするか」で、子どもの成長に大きく関係してきます。

家事やお掃除をするときに「はあ～」とため息をついたりしていませんか？

楽しそうに、嬉しそうにしているママの行動や言葉は、子どもによい影響を与えます。

そして五感から得られた情報というのは「脳に残りやすい」ということも覚えておいてください。

自然の中を探検した記憶、肝試しをした記憶、脳にはっきりと覚えていませんか？

お片づけを教えるときも、子どもの年齢に合わせ「五感」や「声かけ」を多く使い、脳によい刺激を与えましょう。

♡ポイント

五感をたくさん使って、お片づけにチャレンジしよう。

2　大人と子どもの「視野」の差で声かけが変わる

大人と子どもでは世界の「見え方」が違います

視力は大体子どもが5～6歳で「1・0」になり、大人と同等レベルの視力になります。また、色を識別する色覚も違います。子どもははっきりした色のほうが認識しやすいので、絵本もカラフルなデザインで描かれていることが多いでしょう。この「大人の見え方」と「子どもの見え方」の差を知らないと、つい子どもにイライラしてしまいがちです。

こんな経験をしたことありませんか？

子どもが探し物をしているときに、「なんで目の前にあるのにわからないの？　そこよ、そこ」と教えた経験です。…実はこれは子どもの視野が狭く「見えないから」起きることなのです。

●6歳くらいの幼児の視野

水平方向（左右）で90度、垂直方向（上下）で70度

●大人の視野

水平方向（左右）で150度、垂直方向（上下）で120度

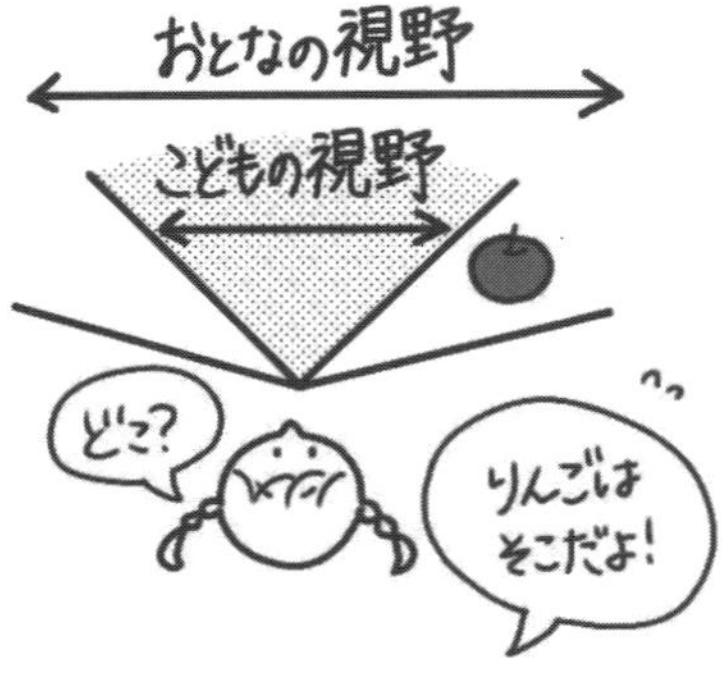

そのため、子どもは一生懸命首を振り、モノを探します。この視野の差を知れば、もうあなたは「早く、そこだよ、そこ！」と子どもを急かすことがなくなるはずです。そして、この視野の差は、お片づけにも大きく関わってきます。たとえば、視野を意識することで、おもちゃをあちこちに置くのではなく、１か所に集中させておけば、片づけしやすくなります。他にも、子どもが「見やすい位置」に子どものモノを配置する工夫します。

しかしながら、子どもはすごい！　視野が狭くても、一生懸命身体を動かし、様々な発見をして、色々なことに気づきます。「あ。アリ！」そう言って、見せてくれますよね。子どもは大人がつい見過ごしてしまうものを見つけることができるのです。そう考えると、「大人は普段、周りをよく見ていないのだな」と思い知らされますね。

私もこの「視野の差」のことを知ったときから、子どもが何かを発見したときは、「よく見つけられたね」と褒めるようになりました。飛んでいる鳥を見せてあげたいときは、隣に並び顔を近づけて、指さしをするようになりました。皆さんはどうでしょう？「見えていない」ことを知ると、不思議と心穏やかに、優しくなれる気がしてきませんか？

♡ポイント
視野の差を意識してお片づけをしよう。

3　「触れる」ことで子どもとの信頼関係を

たくさん触れて子どもと信頼関係を築こう

子どもを寝かしつけるとき、皆さんはどのようにしていましたか？

子どもはママの感情や行動にとても敏感です。ママがちょっと抱っこをやめようとするとすぐ泣いてしまい、寝かしつけに苦労した方も多いのではないでしょうか。そのため寝かしつけでは、頭をなでたり、手を握ったり、トントンをしたり。子どもに「触れる」ことが多かったのではないでしょうか。

このように子どもは、優しく身体に触れられることで心身が落ち着き、いつの間にか眠りにつきます。もう少し子どもが大きくなると、子どもからトントンしてなどと、要求がでることもあります。

実は、この「触れる」行為は、子どもとの「信頼感」がベースとなっています。

子どもは信頼している人から触れられることで心が安定し、子どもの「不安な気持ち」を取り除くことができるのです。このように子どもに触れ、抱きしめることは、「完璧な愛情表現」とも言われています。

「痛い痛いの飛んで行け」も同様です。これは痛みを心理的に和らげる効果があります。皆さんも経験があるかと思いますが、体調が悪いときに、さすってもらうとなんだかラクになりませんか？「さする・触れる」というのは絶大な効果を秘めているのです。

お片づけでも子どもに触れよう

普段の生活でもそうですが、お片づけの中にも「触れる」ことは非常に重要だと言えるでしょう。

お片づけができたときには、「よくできたね」と言葉だけではなく、ハグをして抱きしめてあげる。すると、子どもはとても嬉しいのです。そして安心するのです。

「お片づけをしてよかった」、「お片づけをするとママがこんなにも私に愛情をくれるんだ」と言葉よりもはるかに大きな刺激を受けます。

まだ一人でお片づけできない子どもには、子どもの手をとり、一緒に収納ボックスにおもちゃを入れてみましょう。

子どもにたくさん触れてあげてくださいね。

♡ポイント

お片づけでも「触れる」を意識。

4　子どもには魔法の声かけを（2歳〜4歳頃）

「アニミズム」を使った魔法の声かけ

幼児の成長過程の中で、子どもはモノを「まるで生きている生物のように」考えてしまう脳の仕組みがあります。それを「アニミズム」といいます。2〜4歳の子どもには、ぜひアニミズムを使った魔法の声かけをしてみましょう。

たとえば、このような声かけをするようにしましょう。

●「ぬいぐるみさんがおうちに帰れなくて泣いているよ」
●「アオの色鉛筆さんだけ一人ぼっちで可哀想だね」
●「もう、ねんねの時間だね。お人形さんも眠いって」
●「みんなを仲良しどうしにまとめてあげようか」

すると、「モノを大切にしよう」という気持ちが子どもの中に芽生えます。

そして、「自分で遊んだらしっかり管理すること」を学びます。大切なお人形さんをお片づけしないことで、なくなっちゃったら

困るのは子ども自身なのです。

子どものレベルでわかるように話す

そして、おもちゃを手放すタイミングも子ども自身です。

このときに、ママであるあなたが「もったいないから」、「まだ使えるから」といった、モノを手放すことを妨げるような声かけは使わないように注意してください。

もうあまり遊ばないのなら、「他のお友達に渡そうか。きっと大切にしてくれると思うよ」、「おもちゃにありがとうを言おうね」と言ってみてください。

するとどうでしょう。不思議と子ども自身が、手放すモノを決められるようになり、同時に大切にしたいモノと向き合えるのです。

実はこの「魔法の声かけ」が私はあまり上手ではなく、高校の同級生があまりにも上手に声かけをしていたので、「どうしてそんなに子どもに対する声かけが上手なの？」と聞いたことがあります。

すると、彼はこう答えました。

「子どものレベルでわかるようにお話しているだけだよ」。

♡ポイント
魔法の声かけで、子どもは不思議と動き出す。

5　子どもには魔法の声かけを（4歳頃〜）

「貢献心」を満たす魔法の声かけ

子どもが大きくなると、先程紹介した「アニミズム」が通用しなくなります。

そこで、成長に合わせて声かけを少し変えてみましょう。

では、どう声かけを意識するのか。…「貢献心」を満たす声かけを意識するのです。

人間は、他者に貢献することができたとき「幸福感」を感じるものです。会社の上司に「助かったよ」や「君がいてくれてよかったよ」と言われたときには、きっと嬉しいことでしょう。仕事そのものに「やりがい」を感じ、また頑張ろうと思えるはずです。

この貢献心を満たす魔法の声かけが、「ありがとう」もしくは「○○のおかげで助かった」なのです。子どももママの力になれたと思えたときは、とても嬉しく幸せな気持ちで溢れているはずです。

ご主人にもぜひ、魔法の声かけをしてみてください。「子どものためにいつも一生懸命お仕事してくれてありがとう」、「パパのおかげで助かったよ」と伝えることで、「もっと家族に貢献して幸せな家庭を築いていこう」と自然と子育てや仕事に前向きになれるのです。

そして、「命令口調を避ける」ということも大切なことです。「片づけて！」と命令されるのと、「お片づけしてみる？」と問いかけられるのでは、天と地の差がありま す。人は命令されると自分の意志を無視されたような感覚に陥り、つい反発してしまうものです。命令口調で強く言えば言うほど、子どもは親の言うことをますます聞かなくなります。

また、「子どもだから親の意見には必ず従うべき」という考えが強いほど、子どもに命令口調が多くなる傾向にあります。

親が上で子どもが下の立場という「タテの関係」ではなく、「ヨコの関係」で子どもと接することが、子どもを「１人の人間」として、「尊敬・尊重」することができ、より良好な親子関係を築くことができます。

子どもを「尊重」することで、子どもは親を同様に「尊敬・尊重」するようになるのです。

命令口調はしない。そして、貢献してくれたことに対して、きちんとお礼をする。きっとこれであなたはもう、子どもに「片づけなさい！」とは言わないでしょう。

♡ポイント
優しい声かけで子どもの「貢献心」を育てよう。

6 「視覚」をしっかり意識したラベリングを

子どもを意識したわかりやすいラベリングを

「この収納って素敵！」と揃えた収納。統一したボックスでスタイリッシュにまとめても、中身が見えないいため、「何がどこに入っているのかわからない」、「見た目はよくなったが、前より使いにくい状態」に陥ってしまうことも少なくありません。

そんなとき必ずしていただきたいのが「ラベリング」です。ラベリングをすると「収納の中に何が入っているのか」をラベルを見て判断できます。基本的には、収納の中身が変わったときに簡単に貼りかえることができるよう「マスキングテープに油性ペンで文字を書いて貼ること」が多いです。自分で書く文字に自信がない、もっと統一感を出したいという方は、テプラなどで貼るとよいです。

ただ、大人にわかるラベリングと子どもにわかるラベリングは全く違います。

大人ならオシャレな英語表記でもよいのですが、3歳頃の子どもは記憶をするとき、「印象やイメージ」で覚えます。子ども自身がラベルを見てわからなければ、お片づけをすることはできないのです。

子どものモノは特に、子どもの発達に合わせたラベリングをすることをおすすめします。

子どもが「文字」を読むことができるのなら、「ひらがな」でラベリングを。ただ、「ひらがな」だけだとイメージ（視覚的に）で覚えにくいものです。「文字」がまだ読めない、もしくは子どもにわかりにくそうだなと感じたら、「文字」だけでなく「イラスト」をつけて、ラベリングしましょう。

また、「文字」「イラスト」より「写真」のほうがわかりやすいと思う子どももいます。そんなときは収納の中を「写真」で撮り、その写真をラベルにしてしまう。すると、どのようにしまうのかを視覚で感じ、写真と同じように収納するようになります。

全体を綺麗に揃えてほしい場合は、「数字」でラベリング、もしくは「1つで完成する絵」を貼り、並べる方法もあります。

背表紙を綺麗に並べると1つの絵になっている漫画本を見たことがありますか。絵を完成させたくて、途中の巻を買う方もいらっしゃるでしょう。

このように、子どもの年齢や性格にあわせてラベルを貼ることが大切です。

♡ポイント

子ども目線のラベリングをしよう。

7 「好き」の感情でお片づけ上手に

お片づけを「好き」になってもらうことが大切

子どもに「お片づけ上手になってもらいたい！」、「ピアノが弾けるようになってもらいたい！」、「水泳が得意になってもらいたい！」。もしそうあなたが望むのであれば、まずしていただきたいのが、それを「好き」になってもらうこと。この「好き」という感情は、何よりも大切なことです。

皆さんは、中学生のとき、どの科目が好きでしたか。

私は「体育」「音楽」「美術」が好きでした。一方で大嫌いなのが「数学」。なぜかというと、数学の先生が怖かったし、数字を見ても面白くなかったし、一生懸命やっても問題が解けなかったからです。

そして、私の数学嫌いはなんと大人になった今でも続いてしまったんです。だから社会人になったとき本当に苦労しました。なぜ途中で「好き」にならなかったのだろうと後悔すらしています。

一度嫌いになってしまったモノを好きに変えるのはとても大変です。初めから「好き」という感情をつくってあげることができれば、子どもの可能性はどんどん広がっていくのです。

ピアノが弾けるようになってもらいたいのであれば、「ピアノってなんて楽しいのだろう」「ピアノを弾くとママがたくさん笑ってくれる」と「ピアノ好き」にさせるのです。そんなバカな、と思うかもしれないですが、実は脳の仕組みで「好き」なモノは記憶が残りやすく、「嫌い」と決めつけてしまったモノは「記憶が残りにくい」のです。

脳で記憶を一時保管している器官があります。それを「海馬」というのですが、「海馬」が1人でなんでもかんでも記憶について決めているわけではありません。「扁桃体」という部分が五感を通して入った情報を「好きか嫌いか」を判断し、「好き」なものを、脳の奥の記憶へ送り込み、「嫌い」なものは、脳のジャッジによって、記憶に残りにくくしているのです。
だからしっかり記憶しようと思ったら、「扁桃体」の働きを利用することが一番なのです、

子どもは好きなものなら何でも覚えます。何匹もいるポケモンの名前だって、恐ろしい妖怪の名前だって、好きなら全部覚えてしまいます。

子どもの「好き」をたくさんつくり、記憶にたくさんの情報を送る。それがお片づけ上手になるために必要な1つのポイントです。

♡ポイント

「好き」という感情を育てよう。

8　独り言と脳の関係

探し物をするときに、独り言を言いませんか？

「携帯はどこだっけ？　携帯、携帯」。探し物をしているときに独り言を言ってしまうのはどうしてなのか、考えたことがありますか？

この探し物をしているときの独り言は、不安状態から出てしまう現象で、脳の「退行現象」だと言われています。

「退行現象」とは、子どもの脳に戻ってしまう現象のことです。

小さい頃、数字を数えるときに頭の中だけで数えていなかったはずです。口に出すことでしっかり数えられたのだと思います。独り言をいうことで、脳を活性化し、「探し物も見つかりやすくなる」とも言われています。

また、「今日はこれをしなくちゃ」という言葉も、思考をクリアにし、脳の働きを活発にする効果があります。ただ、頭で考えているだけだと「脳の思考」以外は活性化されないのですが、それを実際に声にだし、耳を使って「聴力」から入る情報にすることで、より効果的に覚えられます。

英単語の暗記に声を出すのはこの理由です。

特に、子どもは声に出すことで、目の前のことに集中しようとします。「どうしてこのおもちゃは、ここに入らないのかな？　おもちゃが大きいのかな？　たくさん入っているのかな？　箱が小さいのかな？」そう声を出し、試行錯誤をするのです。このように、自分の行動を言葉として発し、耳から情報を入れることで学びます。

大人の独り言も子どもにも影響します。

公園を散歩したときに、「きれいだね」と言うと、それを聞いた子どもの脳がその根拠を探します。「池がキラキラ光っているからだ」、「葉っぱがたくさんだからだ」など、これが「きれい」なのかと探すのです。

逆にネガティブな言葉を発すると、脳はその情報を集め、気持ちまでネガティブになってしまいます。そのため、せっかくのお散歩なのに「ああ、つまんない」という気持ちになってしまうのです。なので、なるべく子どもの前ではよい影響を与える言葉を発するようにしてください。

お片づけをするときも、あえて声を出して取り組んでみましょう。

「まずは、すべて出して…」と声を出すことで、一緒に頭の整理もできるようになります。

ポジティブな発言は、人をポジティブに変えてくれます。

♡ポイント

ポジティブな独り言でお片づけをしよう。

【著者メッセージ③】

お子様との向き合い方を見つめ直すことができたでしょうか？

脳を育てるために大切なのは「五感」です。

お片づけを教えるときには、五感を意識する。

それがお子様にお片づけ上手になってもらうための「一番の近道」だと言えるでしょう。

そして、五感を育てることは、生活の中でもできます。

木がたくさんある所の下で思いっきり息を吸ってみる。

虫や鳥の鳴き声を聴いてみる。季節による葉の色の違いをみる。

子どもと砂遊びや泥遊びを楽しむ。

大人でも意識しないと、なかなか五感を感じることはできません。

子どもと一緒に「感じる」それを楽しんでみてください。

そして、子どもの「好き」という感情をたくさん育てましょう。

理想の暮らしの実現のために「お片づけ」は欠かせません。

次の章では、実際にどのようにお片づけを「しかけ」ていくのか、詳しくご紹介していきます。

お片づけを「しかける」ことはそんなに難しいことではありません。

今すぐにでも始められることなのです。

第4章

コト別しかけ収納
―コト別のお片づけのしかけ

1　お片づけを好きに。はじめに「しかける」お片づけ絵本

お片づけ絵本をつくってみませんか？

私は子どもにお片づけを教えるため、最初に取り組んだのが、この「お片づけ絵本」でした。絵本と言っても、リング式のお絵かき帳にイラストを描いただけのものです。まずは「お片づけに興味をもってもらうこと」が必要だと考えました。

お話のつくり方ですが、この流れをつくってあげてください。

①お片づけが苦手な○○ちゃんがおもちゃを壊してしまった、ママに怒られてしまった

②おもちゃが「モノを大切にしてね」、「みんなをお家に戻してね」とお願いする

③おもちゃを大切にできて、「嬉しそうなおもちゃ」、「楽しそうな○○ちゃん」、「やさしいママの笑顔」「子どもを褒めている家族」

登場人物が「子ども自身」で「自分のママ」や「自分のおもちゃ」が出てくる絵本をつくりましょう。これが手づくり絵本をつくるよさでもあります。子どもの好きなおもちゃや興味を引くイラストだと子どもがよりイメージしやすく、その絵本のお話を実際に再現しようとします。

また、早いうちに「だいじ＝大切」を教えること。「だいじ」を教えることで、モノだけではな

く人との関わりも大切にできるようになります。お友達を叩いてしまったときや、おもちゃを投げてしまったときに「だいじ」を知らないと、同じことを繰り返してしまいます。

「お友達は大事だね。モノは大事だね」。この「だいじ」の気持ちを育ててあげることで、人やモノが同じように大切だということに気づけるのです。

そして絵本の最後には、ご褒美シール欄を用意してあげてください。はじめは絵本どおりにお片づけできたら、絵本の後ろにシールを貼る。「お片づけ＝楽しい」という意識をつくりましょう。

子どもは笑って嬉しそうにしているママやパパが大好きです。そんなママやパパが絵本を読んでくれるそれだけで幸せを感じるはず。読んだら、楽しくなる、うれしくなる、また読みたくなる、そんな家族みんなで楽しめる絵本をつくりましょう。

♡ポイント
お片づけの楽しさが伝わる「お片づけ絵本」をつくろう。

2 子どものための「収納と動線」のしかけ

「子どものための収納」はどういうところに気をつけたらいいのか

ここでは、子どものための「収納と動線」についてお伝えします。

①子どもが使いやすい収納×動線を

まずはその収納が「子どもにとって使いやすいか」を考えてあげてください。

子どもに重たい収納を与えていませんか。ご自身の好みで収納を選んでいませんか。

「子どものための収納」は、子ども自身でおもちゃの箱を持ち運べることが絶対条件です。

そして、おもちゃを「出す～しまう」までの動線（道筋）を考える。

あまり動線が長いと片づけるのが大変になり、片づけ自体が嫌になってしまいがち。

「遊ぶ場所～しまう場所」がなるべく近くなるよう、収納を置く場所を考えましょう。

②よく使うものは取り出しやすい位置に

おままごとが好きなのに、近くのおもちゃスペースに「おままごとセット」がない。すると、子どもが「おままごとで遊びたい！」と思っても、すぐに遊ぶことができません。

子どもにも優先順位はあります。一番使うものは「取り出しやすく」かつ「しまいやすい工夫」

をしましょう。

そして、子どもが小さいうちは、蓋付きケースではなく、ワンアクションでしまえる蓋がない収納がおすすめです。まずは、「ワンアクションで簡単にしまう」から始めてみましょう。

また、重ねすぎて下のモノが取り出しにくい状態も避けましょう。収納ケースを重ねるなら2段が限度です。

③成長にあわせた収納を

子どもは成長します。その場限りの収納ではなく、今後も長く使える収納を選ぶとよいでしょう。カラーボックスはとても使い勝手がよいです。

横置きにして「机×収納」として使ったり、大きくなっても教科書入れなどに使えたりします。

④しまいやすいラベリングでモノの住所を決める

お片づけを習慣化させるために重要なのが「ラベリング」です。

子どもの中でルール化されて、そこにしっかり戻すことができるようになります。

♡ポイント

「子どもにとって使いやすい」動線を考えた収納を意識しよう。

3 「スペース」を与えることで得られる心のしかけ

子どもにスペースを与えて「管理能力」を身につけさせよう

私は、子どもに「子どもだけのおもちゃスペース」を与えています。お城のようなおもちゃの小さなお家です。そして、リビングの一角に配置。そこでは子どもは好きなように遊び、お人形さんとお話をしています。

この子どものおもちゃスペースでの「収納」や「子どものお片づけ」の状態に私は一切、手出し口出しはしません。ただ、不要と思うモノがあるときは一度私に確認するように伝えています。すると、「これ、もうバイバイしていい？」と聞いてきます。こんなときには思いっきり褒めます。

私がはじめて部屋をもったのは、小学校高学年になってからでした。私１人の部屋を持ち、その部屋での管理はすべて自分に任されたのです。机が汚れていたら、綺麗に拭く。文房具がバラバラなら、しっかり揃える。これが部屋を管理するということかと実感したのです。

だから、模様替えも好きなときにしましたし、自由にお小遣いで必要なものを買いました。自分にとって快適な空間にするために、子どもなりに知恵を絞り始めたのが、私が整理収納に興味をもった始まりなのかもしれません。

ここで皆さんにお伝えたいのは、「お城のようなおもちゃスペースを買ったほうがよい」とか「部屋を与えるべきだ」ということではありません。「スペースを与える」ということです。２畳のラグの上と決めてもよいでしょう。

ですが、そのままの状態で、「はい、ここがあなたのスペースよ」と言われても子どもは困ってしまいます。

なので、はじめだけはママが「子どもが使いやすいように」サポートをしてあげます。

子どもは自分の「スペース」をもつことで、身につくことがあります。

それが「管理能力」なのです。

子ども自身に管理するスペースを与え「管理する」ことの重要性を教えることで、リビングのあちこちにおもちゃが置かれることはなくなるはずです。

大人になって、１人暮らしをしたときに「モノ屋敷」になることを防ぐことにも繋がります。

自分の行動に責任が持てる、そんな大人に。

♡ポイント
管理する力をつけることで子どもの「責任感」を育てよう。

4　楽しくおもちゃを「分類」できる収納のしかけ

「分ける」を遊びの一環に

おもちゃを分類するというのは、慣れるまでは難しい作業です。大人でも分類に悩む方は多いです。たとえば、お洋服の引き出しに「半袖」「長袖」と分類したときに、「七分丈のお洋服」が出てきたら誰でも迷ってしまうものです。

すべてのモノがきちんと分類されていたら悩むことはないのですが、そんなわけにもいかないのです。そんなときには、手に取った瞬間の「イメージ」で判断してもらうことにしています。「七分丈は夏に着るから」とイメージされたなら、「半袖」にしまいます。

もし、子どもが分類に悩んでしまうことがあれば、そのときは「あなたがこれだという所に入れたらいいのよ」と伝えてください。無理に分類を決める必要はありません。正解や不正解もありません。ただ、あまりにも分類が違うようなら、そのときには少しヒントを教えてあげましょう。

では、分類しやすくなる収納を考えていきましょう。ラベリングだけでは小さい子どもは、まだお片づけができないことがあります。なので、収納の中も楽しいものにしてあげましょう。

たとえば、動物たちをうまく分けてしまう場合には、収納の一番底の部分にカラー画用紙を引くのも効果的です。たとえば、「青」は海を連想させます。「青」には水族館にいる動物を入れよう。「茶色」には肉食動物を、「緑色」は草食動物を、というのもよいかもしれません。「クジラさんがお家に帰るよ、バッシャーン」「シマウマさん、お家でご飯を食べようね」とすると、自然と分類しやすく、収納ケース自体が「1つのおもちゃ」になります。

また、「リカちゃん」や「シルバニアファミリー」「メルちゃん」などのお人形さんのおもちゃの場合、「飾りたいと思う子」と「しっかりしまいたい子」に分かれます。女の子のお人形に限らず、「動物や恐竜」のおもちゃ、「戦隊もの」のおもちゃも、同様に飾りたいと思う子は多いものです。

もし、ママがしまいたいと望んでいても、子どもが「飾りたい」のであれば、すべてではなく「ワンコーナー」だけ、飾るスペースを用意してあげましょう。飾ることも自分で考え判断する「選ぶ」行為です。きれいに「魅せる」インテリアの練習にもなります。

♡ポイント

「分ける」って楽しい。お片づけで「選ぶ力」を身につけよう。

5　子どもの好奇心と収納技術を伸ばすしかけ

子どもにはたくさんの収納用品を与えましょう。

「お片づけをもっと楽しくするために使う道具だよ、使ってみる?」と言って、子どもに収納用品を渡してみましょう。すると子どもは、収納に工夫をし始めます。S字フックにネックレスをかけてみたり、S字フック2つをかけ橋にして「つっぱり棒」をつなげ、タオルを干してみたり。こんな使い方をするのか、と参考になることもあります。

ここで私が愛するおすすめの収納をいくつかご紹介。

・ファイルケース：分類にはファイルケース！　書類や雑貨、キッチンやリビングでも大活躍です

・コの字ラック：高さを生かすにはこれ！　上下が使えるところがよいですね

・カラーボックス：高さも奥行きも生かせる。そして色々な使い方ができる万能収納！

・ジップロック：モノを細かく分けるにはジップロック！

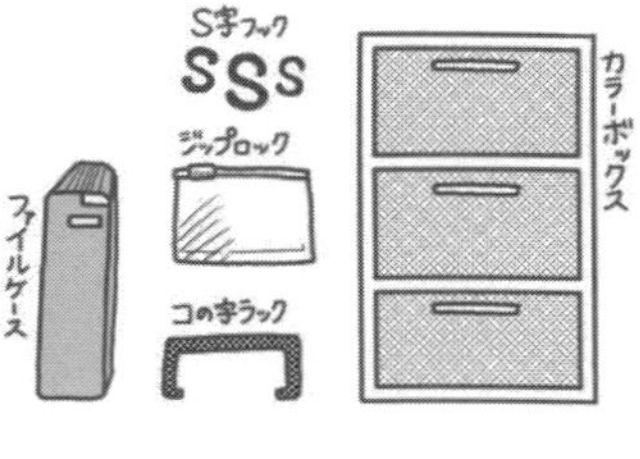

おもちゃや小物を分けるときに便利なアイテム

・S字フック：引っかけることに特化し、浮かせ技には欠かせない収納用品

固定観念で考えない

収納がうまくなるスキルアップポイントは、「固定観念」で考えないことです。「ファイルケースはただ書類をしまうだけのもの」や「カラーボックスは縦に置くだけのもの」ではなく、「収納用品1つでどんなことに使えるのか」を考えます。S字フックで掛けられるものは、鞄だけではありません。お掃除ツールやベルト、色々なモノがかけられます。これを考えるのは大人より子どものほうが固定観念に囚われないので得意です。

便利さを追求し、子どもと一緒に考えてみましょう。試行錯誤することで、子どもの「考える力」を育てます。そして、自立するために子どもにして頂きたいのは、この「知恵を絞りだす経験」です。

今は昔と違って便利な収納がたくさんあります。

ぜひ「使ってみる？」と声をかけてみてください。

♡ポイント
様々な収納用品で「試行錯誤」してみよう。

6　靴を揃えるしかけ

「なぜ靴を揃えるのか」考えたことはありますか

靴を揃えるってとても重要なことだと思っています。私が思う「靴を揃える」意義は、「忙しくても心に余裕を持つため」、「他人への思いやりの心を育てるトレーニング」だと思っています。どんなに忙しくても、靴を揃える心の余裕は必要だと思います。大人になっても靴が揃えられない方はたくさんいます。習慣化されていないと靴を揃えるというのは難しいです。

帰ってきて疲れていても、靴を揃えてみる。…するとどうでしょう！　翌朝気持ちよくお出掛けすることができますよね。

また、自分の靴だけではなく、気になったら隣の子の靴を揃えるような「思いやりの心」を育てることができます。ぜひ、子どもに靴を揃える大切さを知ってもらいましょう。

①靴がどうやってあなたの元に届いているのか？

靴は必ずつくっている人（製作者・デザイナー）がいて、子どもの靴ならきっと「子どもに喜んで履いてもらいたい」という気持ちからつくられているはずです。製作者と同様に販売されている方も同じ気持ちでしょう。そうして、「子どもの元に靴がやってくる」ことを教えてあげましょう。

子どもだから理解できない？

いいえ、子どもだからこそきちんと教えてあげることが大切なのです。

②靴並べシートをつくる

ここでは、楽しく靴を並べる「しかけ」をご紹介します。使うのは、透明のクリアファイルとお好きな紙で大丈夫です。

つくり方は簡単で紙を子どもの足型に切り取り、クリアファイルに挟み、両面テープで貼りつけるだけ。これで、オリジナルの靴並べシートの完成です。

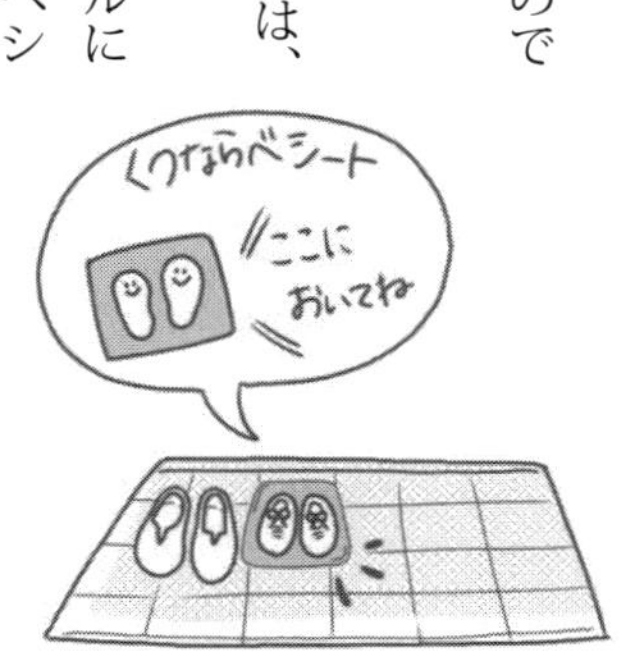

③子どもに並べてほしいところにしかける

せっかくなので、靴は「玄関を上がってから揃える」と揃え方も教えてあげましょう。そして、靴並べシートを置くと、そこに置こうと意識します。スリッパを揃えてもらいたいときも同じです。

これは、銀行などのＡＴＭで足型シールが貼られているのと同じ原理です。

つい、足型の上に揃えたくなる、この心理を賢く使うのです。

♡ポイント
靴を揃えることで心に余裕を。

7　保育園・幼稚園の用意をしてもらうしかけ

しっかり子どもに「手順」を教えてあげましょう

私はキッチンの片隅のスペースを子どもが幼稚園の準備をするスペースとして与えています。

我が家ではその収納が子どもにとって使いやすい場所であり、私も管理しやすい場所だったからです。そこには、子どもが毎日幼稚園に持っていく、「ランチマット」「ランチセット」「ハンカチ」「ティッシュ」などをまとめています。

そして、子どもが毎日準備しやすいように、イラストで「持ち物表」を収納の手前に「粘着フック」を用い、かけています。

・表には「いってきます」＝行く前準備（持っていくもの）

・裏には「おかえりなさい」＝帰ってきたらやること（体操着は洗濯機・水筒はキッチンなどを記載し、帰ってきてからも自分で行動ができるように行動を導いています。

このようにわかりやすい手順を示し、子どもをしっかり導いてあげると、子どもにとって視覚的にわかりやすく、子どもも楽しく準備やお片づけができるようになります。

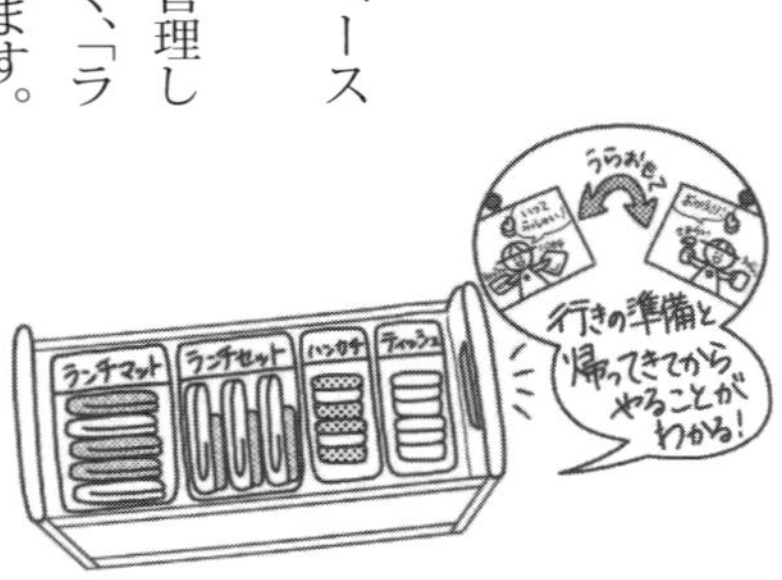

また、幼稚園バックや帽子の定位置もしっかり決めてあげましょう。

我が家では、リビングに入る前の玄関横に置き場をつくっています。

壁にフックをかけて、引っ掛けてもらうようにしています。

壁掛けなので子どもにも簡単ですし、一時置きのカゴをどかしてお掃除をする手間もかかりません。

玄関から入って、床に置いてしまう前に「置き場」を設けることがポイントです。

もちろん、子どもの身長や動作のことを考えて場所をつくりましょう。

そして幼稚園や保育園に通うと、「月のお知らせ」や「定期的なお知らせ」であるプリントが配られます。このプリントはすぐにママに渡すように伝えましょう。ついついかばんから出さず、忘れてしまう子どもがいます。

でもプリントを受け取ったときに感謝されるのであれば、話は別です。

「郵便屋さんですね、いつもお手紙をありがとう」

すると、「渡すのが楽しみ」になってしまうのが子どもの心理です。

♡ポイント

「手順を示す」ことで子ども自身が行動できる。

8　小学校の用意をしてもらうしかけ

ランドセル置き場を決めて毎日の準備をラクに

ランドセル置き場は、「子どもが教科書をラクに出し入れでき、準備がしやすい場所」に決めましょう。

このとき、机に教科書を広げて準備したほうがしやすい子どももいれば、床で準備するほうがしやすいという子どももいます。どちらで準備したほうがラクなのか子どもに聞いてみるとよいでしょう。

●学習机の上で準備する派

学習机の上で準備をするのであれば、勉強机の横をランドセルの定位置にしてください。フックで引っかけてもよいですし、フックだと準備しにくいのであれば、勉強机の横にカラーボックスを設置し、一番上にランドセルを置き、1～2段目に教科書やノート、3段目にたまに使うモノを置いたりすると、使い勝手がよいでしょう。

●床の上で準備する派

床の上で準備するメリットは、ランドセルの中身を広げられるし、床

でできるのでラクに「まとめる」ことができるところ。小学校低学年の子どもにとって、教科書やノートは重いです。そのため、「床の上での準備」をおすすめします。

ただ準備するとき、広いスペースを必要とします。こちらにもカラーボックスやオープン棚があると、準備しやすいです。下のイラストでは二段のカラーボックスを横置きにして、上にランドセルを置いています。

また、次の日の学校の準備や忘れ物をしない工夫として、帰ってきたらランドセルを開けておき、準備ができたら、ランドセルを閉めるという方法があります。

帰ってきてすぐに準備を行うことができれば、何も言うことはないのですが、子どもは気移りしやすいものです。

おやつを見かけてしまったら、学校の準備よりおやつに意識が移ってしまいます。

万が一、準備を忘れてしまったとき、ランドセルが開いていることで「準備してない」と気づくことができます。

♡ポイント
子どもにあったランドセル収納を。

9　忘れ物をしないしかけ

「なぜ忘れ物をするのか」忘れ物をして一番つらいのは誰？

「忘れ物をする子」と「忘れ物をしない子」にはどんな違いがあるのでしょうか？　「忘れ物をしない子」はどのように準備をしているのでしょうか？　実は忘れ物をしない子には共通点があります。

①準備を「前の日」にする
②帰ってきたらランドセルの中身や、園バックの中身を「すべて出す」
③明日持っていくモノと、明日持っていかないモノをリストを見て、きちんと「分類」する
④最後にママがきちんとチェックする

この流れが一番「忘れ物がない」流れであり、忘れ物をしない子は当たり前にしている習慣になります。そして、この準備を「帰ってきたら」、「寝る前」などに時間を決めて行うと、習慣化され「あ、まだ準備してなかった」ということはなくなります。

大人でも忘れ物が多いのは、この手順を踏んでいないからです。帰ってきたら「バックの中身をすべて出す」方も少ないでしょう。バックに余計なモノがないかチェックすることにもなりますので、帰ってきたら「出す」これを習慣化させることをおすすめします。

それから、もう1つ大切なことは「忘れ物をして一番つらいのは子ども自身」ということを忘れないでください。先生から叱られ、両親から怒られ、友達に馬鹿にされる。どうでしょう？　可哀想ですし、本人が一番つらいです。

「つらい思いをしないように」「忘れ物をしないように」子どもを「サポート」してあげましょう。このときママがすべて準備してしまうと子どもの自立から遠ざかってしまいますので、準備はきちんと子どもに任せてみましょう。

中には、もちろんモノを覚えるのが苦手な子もいます。でも準備は「頭ですべて覚える」必要はないのです。

時間割をただ見ながら、準備するだけだと「教科書は入れたけどノートを忘れちゃった」なんてこともあります。

そうならないよう、時間割に持ち物をしっかり書き込む。「国語（教科書）（ノート）」「算数（教科書）（ノート）（ドリル）」という風にすると、「うっかり忘れ」を防ぐことができます。

♡ポイント
忘れ物をなくし、子どもの自立をサポートしよう。

10　洗濯物を「干す」のが好きになるしかけ

「なぜお洗濯をする必要があるのか」これをまず知ること

「なぜ洗濯をするのか」洗濯しないと命に関わる…というわけではないのに、私たちは当たり前のようにお洗濯をしています。お洗濯をする理由は皆さんご存知のとおり、「汚れがつくから」ですよね。この「汚れ」というのは、２種類があります。

①身体から出る汚れ＝アカ・汗・皮脂など

②外から付着する汚れ＝ホコリ・砂をはじめ、目に見えてわかるケチャップ汚れなど

これを知らないと、子どもはどう成長するか。「ケチャップのような『目に見える汚れ』がついてないから、洗わなくてもいいや」と育ってしまいます。

目には見えなくても、溜まった汚れというのは微生物の栄養源となり、それが原因で皮膚が痒くなってしまったり、アレルギーを引き起こしてしまうこともあります。

それだけではなく「不快なにおい」を発生する原因にもなります。大人になってつらい思いをするかもしれません。だから、「目に見えない汚れもついているからお洗濯が必要なの」と伝えるべきなのです。

では、ここから洗濯物を干してもらうためのしかけをご紹介します。

いつもママが洗濯を干すことが多いなら、「ママ1人で家族みんなのお洗濯物を干すのはとっても大変。でもみんなが気持ちよくお洋服を着てもらいたいから、毎日お洗濯を頑張っているの」と正直に子どもに打ち明けてみてください。すると、ママは「家族のために」頑張っているということがはじめて子どもに伝わります。

そこでもう一声です。「○○ちゃんが手伝ってくれたらママとっても助かるな」、「一緒にできたらとても楽しいだろうな」。

そして、「子どもができるお手伝い」をさせてあげましょう。

ここにパンツを通してみようか。このハンガーにお洋服を着させてあげてようか。洗濯ばさみは、はじめは難しいので、簡単なことからチャレンジさせてあげましょう。干す高さは子どもの身長に合わせて低い位置を与えてください。

「楽しく笑顔でお話しながら」取り組みましょう。

♡ポイント

洗濯をするのは何のため？　子どもにきちんと教えることから始めよう。

11　洗濯物を「分ける」のが好きになるしかけ

洗濯物を「分ける」のも、子どもにとっては楽しい遊び

洗濯物を分けてから、各お部屋に持っていく方は少なくないでしょう。

ここでは、洗濯物を「分ける」のが楽しく、遊びの中でできるしかけをご紹介します。

まずは、家族の人数分のカゴを用意します。そのカゴに「パパ」「ママ」「〇〇ちゃん」というように、顔写真もしくは似顔絵のイラストを描いて、専用のカゴをつくります（ちなみに子どもが喜ぶのはイラストより、やっぱり顔写真です）。

そこで、まずは「〇〇ちゃんの洋服を集めてみよう！」と伝えます。「自分の洋服」が一番わかりやすいからです。慣れてきたら、「パパの洋服はパパのカゴへ」「ママの洋服はママのカゴへ」と入れていく。兄弟がいたら競ってもよいでしょう。このように、「家族の持ち物の把握」と「分ける楽しさ」を子ども自身が体感することができます。

この「モノを探す」、実際に「モノに触れる」、時には家族で「競う」。

このような「探す遊び」には、「見つけたときの喜び」と、「手にしたときの喜び」を同時に感じられる、子どもが一番「楽しめる遊び」の要素を秘めているのです。

お片づけに使えるしかけ

気づいた方はいるでしょうか。この遊び、「かくれんぼ」に似ていませんか。かくれんぼでは「人」を見つけますが、これは「モノ」に置き換えているだけなのです。

これは、洗濯物に限らず、家族みんなで「お片づけ大会」をしたときにも使えるしかけです（子どもを含めた家族でお片づけをすることを、私は「お片づけ大会」と呼んでいます）。

たとえば、リビングの整理を家族で行うとき、家族のモノが集まるリビングでは、家族のモノを人別に「分ける」作業がでてきます。

そのときに活躍するのがこの「専用カゴ」なのです。カゴは特にこだわらず、軽いもので問題ありません。１００円ショップに売っている洗濯カゴで十分です。

このように、子どもが楽しめる工夫をすることで、子どもにとって「分ける」ことが楽しい家族の遊びになります。

♡ポイント
「探す」「分ける」遊びで子どもに達成感を。

12 洗濯物を「畳む」のが好きになるしかけ

「洗濯たたみ機」で洋服を畳む楽しさを知ろう

「畳む」というのは実はとても難しいです。なので、まずは「洗濯たたみ機」をママと子どもで作成してみましょう。これは、段ボールやファイルケースなどを使ってつくることができます。

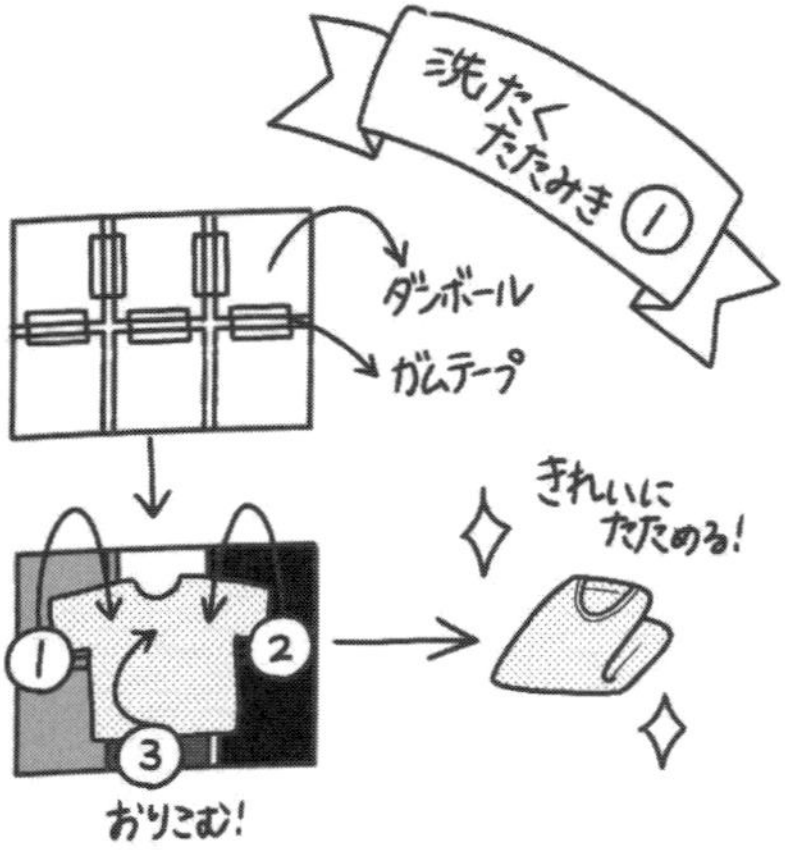

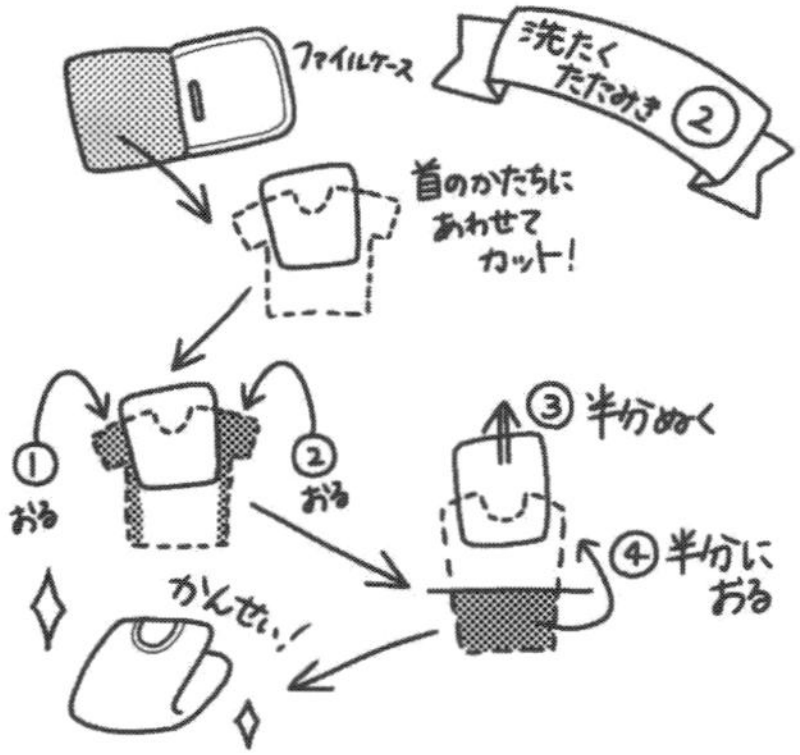

「洗濯たたみ機」を使うと簡単に、かつ綺麗に畳むことができます。そのため、綺麗に畳めたときには大きな達成感を感じられます。

ママと自分だけの「洗濯たたみ機」をつくったという素敵な思い出と、「自分で畳めた！」という達成感がある体験は、記憶に残りやすいです。

おもちゃ遊びでなくても、こうして「遊びのように」生活のことに取り組むことは、子どもにとって楽しい幼少期の思い出となり、いつか遡って思い出すものです。

「お手伝いしてくれて本当にありがとう、助かったよ」と感謝の気持ちも忘れないでください。

人の役に立ったという気持ちを育む「ありがとう」という言葉。

そして、人の役に立ったという自信は「自己肯定感」をつけ、社会に出たときにも必ず役に立ちます。

ご褒美シールを洗濯物のお部屋にかけておくことも、子どものやる気を引き出すことに繋がります。

♡ポイント
「洗濯たたみ機」で楽しい洗濯の思い出を。

13　センスがよくなるしかけ

子どもにコーディネートを任せてみよう

幼い頃から子ども自身が、洋服を選んだり、靴を選んだりすることで、「色彩感覚」や、全体を見る「バランス感覚」を養うことができます。

モノだけではなくたくさんの色に囲まれているこの世界。たくさんの色から好きなTシャツを選んで身に着ける楽しさは、「選ぶ」という行為に加えて、色彩感覚に影響し「色の楽しさ」を知ることができます。

せっかくなら、ママが毎日洋服を選ぶのではなく、ときどき子どもに選んでもらいましょう。子どもも「自分が決めていい」喜びから、気づいたら自然と自分が似合う「色選び」や「服選び」をするようになります。

大事な予定の日などはママが選ぶほうがもちろんよいのですが、普段「公園に遊びに行く」など、人と約束して会う予定がなければ、ぜひ子ども自身にファッションを任せてみてください。

多少ださくても気にしてはいけません。だって、子どもはどんな洋服を着たって可愛いのですから。子どもに可愛い洋服ばかりを着させるのも「大人の見栄」の1つです。子どもは自分で選んだものが「一番かわいい！」と思って選び、身につけています。

そして、「この色、素敵だね」、「この色、好きなんだね」、「なんでこのお洋服を選んだの？」とお話しましょう。選んだ服について子どもに意見を聞くと、「だって葉っぱみたいで可愛いから」など、面白い回答も多く、笑ってしまいます。

そうして色を選ぶトレーニングをし、周りの子が着ている洋服が気になるようになると、今度は洋服の全体的な「バランス」を気にするようになります。

「上も下もフリフリだと、なんだか…」、「夏なのに長い靴下は暑そう…」など自然と意識する時期が来ます。

実際に、私が知るオシャレな人は昔から自分自身で洋服を選び、色々な人のファッションを見てきたと言います。

せっかくなら、大きな鏡を置いて、ファッションショーごっこをしてみてください。

きっと「自分らしさ」を子ども自身が見つけられるはずです。

♡ポイント

洋服を選ぶことで「自分らしさ」を見つけよう。

14　お金の価値を知るしかけ

金銭感覚は「お金の管理」で学ぶこと

ここ最近、お金に関する教育を受けないで育つ子どもが増えてきているように思えます。たとえば、「ＡＴＭはボタンを押すだけで勝手にお金が出てくるものだ」や「家には勝手にお金が入ってくるものだ」と感じて子どもが育ってしまうとお金の価値がわからず、お金が自分に入ってきたら、すべてのお金を使ってしまおうと思う大人に育ってしまいます。お金の価値を子どものうちに、しっかり身につけることが大切です。

子どもがお片づけやお手伝いをしたら、少しでもよいので、お小遣いを渡してみましょう。玄関をホウキではいたら5円、階段を拭いたら10円、文房具をきれいにお片づけしてくれたら50円。「大人でも少し面倒だな」と思うお手伝いを子どもにお願いしてみましょう。

子どもへのお仕事の依頼は「お片づけ掲示板」を通して行うと、楽しんでお手伝いしてくれます。お手伝いが終わったらチェックをする。そして、お金を支払う。渡したお金をどのように使うのかは、子

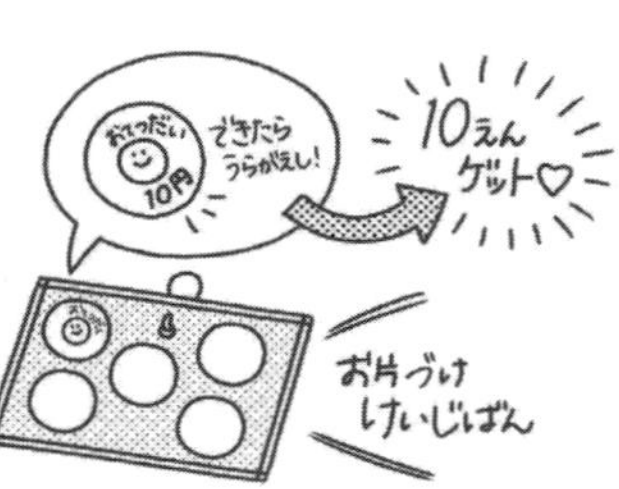

どもに自由に考えてもらいましょう。

「一生懸命働いたから、お金がもらえる」、「お金をもらうために、働く」、「もらったお金は自分の自由に使える」だけど、「実際に買おうとすると、高いおもちゃはたくさん働かないと買えない」、「高いおもちゃを買うために稼ぐか」、「買える分で好きなものを買うのか」など色々な思考が生まれます。

このようにお金の価値を理解すると、子どもはパパやママが自分をどのように育てているのかを知ることもできます。実際に大人の「働く現場」を見せることも重要だと言えます。「百聞は一見に如かず」とはまさにこのことです。大人になるための下準備をできるだけ早くすることで、子どもの成長はより輝かしいものになります。

金銭感覚は、本を読んだところで身につきません。実際にお金を持ってみないとわからないもの。お金の管理も「自分で選択し、決断する力」が必要で、これは「整理」と同じなのです。お財布もぜひ与えましょう。

そして、お金の使い方をしっかり教えてあげること。きっとお金の価値がわかり、無駄遣いをしない大人に成長していきます。

♡ポイント
お金の価値を理解し、大切なモノにお金が使える大人に。

15　子どもが「宝モノ」と向き合うしかけ

思い出のモノは、大人になればなるほど感情が入り込み、捨てられなくなってしまうものです。しかし、子どもには「思い出がないか」というと、そんなことはありません。子どもなりの大切な思い出があるのです。公園でたまたま会った、知らない女の子からもらったお手紙が宝物になることも。

ここでは、子どもとママが思い出とどう向き合えばいいのかお話します。

大切にしたい思い出のモノ＝子どもにとっては「思い出」より「宝物」のイメージです。子どもが大切にしているものは、子どもだけの「宝ものボックス」に入れましょう。

「宝ものボックス」をつくろう

「宝ものボックス」でのルール

①フタがしっかりしまること
②フタがしまらなかったら、子ども自身が「必要なもの」「不要なもの」を選ぶこと
③子どもがワクワクするような「宝ものボックス」を与えること

家族それぞれ、または兄弟で「宝ものボックス」をつくる場合は、蓋付きの重ねられるケースが

保管に適していてオススメです。

子どもに「モノを手放してもらう」声かけ

一見、子ども自身に「必要なもの」「不要なもの」を選ばせるのは、難しいように思うかもしれませんが、子どもなりの判断基準で選び、「捨てること」の大切さも教えるよい機会になります。

「全部必要！」という子も、もちろんいます。ですが、「捨てるということは、すごくよいこと」、「本当に大事なものを選べるようになる」ということをママが理解し声かけをする。

それでも選べないようなら、「この3つの中でどれが一番すき？」などと、選択肢を与え、選びやすくしてみてください。

すると、「これはもういいよ」とゴミ箱に持っていけるようになります。

「ありがとう」と言いながらモノとお別れしましょう。

もちろん、そのときは褒めてあげてくださいね。

♡ポイント

宝ものボックスで「大事なもの」を選ぶ力を。

16　子どもの作品と向き合うしかけ

「期間限定！　子どもの作品展示会」を開催しよう

かわいい我が子が一生懸命書いた作品。いつまで飾っておいたらいいのか。いつまで保管したらよいのか。判断するのはなかなか難しいです。

そんなときには、ママと子どもでルールを設けましょう。

①もらった瞬間に写真で収める

まずは掲載前に「作品を持った子ども」の写真を撮りましょう。掲載前の記念撮影だと思ってください。このとき作品だけではなく、つくった本人と作品を一緒に撮ることにこだわりましょう。いつどんなときにつくった作品なのかを振り返ることができます。もし、作品自体が壊れてしまっても、素敵な作品のまま写真として残りますので、がっかりすることもないでしょう。

②掲載期間・掲載場所を決める

ご自宅で掲載する「期間」を決めましょう。1か月と決めたら1か月飾る。そして、掲載「場所」も考えましょう。せっかくなので、リビングや家族が見やすい場所に展示しましょう。「ここだけ」と範囲を決めることも大切です。家の壁すべてが展示場所になってしまうと、見た目がごちゃごちやしてしまいますし、せっかくの作品が引き立てられません。

③保管期間を決める

保管する場合には保管期限を決めた「思い出ボックス」に入れる。これもまたフタがしまることをルールにすると、適正量を決められます。

子どもは作品をずっと大事にしてほしいから持ち帰ってくるのではなく、褒めてもらいたくてお母さんに「見て！」と言います。子どもが結婚し、家を出るとき、この作品を渡したところで子どもの返事は決まって「要らない」なのです。子どもの作品は、「ママの思い出」になるのです。

このように、子どもの作品にもしっかりルールを決めることで、「なんでもっと飾ってくれないの？」という子どもの悲しい声や、「いつまでも壁に貼り続ける」永遠ループから逃れられます。インテリアの１つとして、掲載場所を決め、家族が癒される場を設けるとよいでしょう。そして、忘れないでほしいのは、「褒められたくてママに見せる」ということ。ママに褒められる。子どもはそれだけで満足なのです。

♡ポイント
作品は「褒められたくて」見せるモノ。

17　歯磨きをしてもらうためのしかけ

歯磨きしやすい環境を

つい子どもにしっかり歯を磨いてもらいたくて真剣になってしまうママですが、何度も言うようにはじめは、なんでも子どもに「好き」にもらうことから始めることが大切です。

子どもが幼いときに、「歯磨きのときのママが怖い」という印象がついてしまうと、歯磨きを好きになってもらうのは大変です。子どもを思っての行動だと思いますが、ママも少し力も抜くようにしましょう。

歯磨きに対して興味をもってもらうために、可愛い歯ブラシを与えたり、歯磨き粉を選んでもらったりするのはよいことです。また「なんで歯を磨く必要があるのか」を「歯磨きマン」と「バイ菌マン」を登場させ、イラストで伝えると、わかりやすいです。インターネットで動画配信もありますので、子どもによい影響を与えるために活用するのもよいでしょう。

そして、3歳くらいから、子どもが自ら歯ブラシがとれる環境をつくってあげること。すると、子どもに自ら歯を磨こうという意識が芽生えます。子どもの手が届くところに、歯磨き粉やコップ、踏み台を用意しましょう。子どもが一通りの流れをこなせるように、セッティングするのです。

仕上げ磨きも忘れず

我が家は、キッチンで磨くことが多いので、冷蔵庫横に歯ブラシを吊るしてかけています。

吊るすことで、ワンアクションで歯ブラシを使うことができ、歯ブラシを置くことで水気がたまることを阻止できます。しっかり乾燥できるので、衛生面からも、次に使うときにも気持ちよく使うことができます。

歯磨きを嫌がる子どもに対しては、歯磨きしたらシールを貼るなどのご褒美シートをつくると、より歯磨きに意欲をもって取り組んでもらえると思います。

そして仕上げ磨きも忘れずに。この仕上げ磨きは子どもとのスキンシップの1つであると思っています。

優しくにっこり、子どもと向き合ってください。

きっと歯磨きが心地のよいものとなり、大好きになってくれるはずです。

♡ポイント
歯磨きは子どもとのスキンシップの1つ。

18　勉強が集中してできるようになるしかけ

勉強ができる子の机の特徴

勉強ができる子の机にはある特徴があります。「机の上がいつも綺麗になっていること」です。

①机の上には何も置かない

勉強を習慣化するために、まず行ってほしいことが机の上を片づけること。勉強をするのに机の上がごちゃごちゃだと、いちいち片づけてから教科書やノートを出すことになってしまい、子どものやる気がどんどん遠のいてしまいます。

置くとしても「ペン立て1つだけ」と意識しましょう。また目に見えるところに漫画やゲームが置かれていませんか。この誘惑は非常に危険！　漫画やゲームは、机に座ったときや周りをくるっと見回したときに、見えない所に置いておくとよいでしょう。最近はリビングやダイニングテーブルで勉強する子どもも多いです。その場合でも同様に、机の上は綺麗な状態にしておきましょう。

②机の中には勉強に関係するものだけ

学習机の場合、座って右手にある引き出しは、勉強に関係するものだけを置くようにします。四角く区切りをつけてあげると定位置に管理され、元に戻しやすくなります。ラベルも貼るとなおよいです。机に座ったとき、体の前にある大きな引き出しは、実は入れるものはほとんどありません。この引き出しは椅子をひかないと取り出せないので使いにくいスペースです。

職場などではここを「一時置き」のスペースにするのが正解です。やりかけの仕事などは、ここに入れ、昼休みが終わったら取り出す。個人情報を守る意味でもこのように使えると理想的です。ただ、子どもが学習机でこのような使い方をしてしまうと、学校へ宿題を持っていくのを忘れてしまうので、やりかけの宿題は目に見えるところに置くのがよいでしょう。

③勉強ができるようになりたいと思うなら、習慣づけを

テスト前の一夜漬けより、毎日30分をコツコツ続けていく習慣がある子どもが後に「勉強ができる」大人へと成長します。ドイツの実験心理学者であるエビングハウスの記憶に関する実験では、人は情報を記憶しても20分後には約42％、１時間で約56％、６日後には約76％を忘れてしまうそうです。

そして、この実験から導き出された結論とは、続けて暗記をするのではなく、一定の感覚を開けて覚えるほうが効率よく記憶されることです。忘れかけているときに覚え直すことで、脳の記憶に残りやすいのです。

> ♡ポイント
> 勉強に集中できる、気づいたときに勉強しようと思える机を目指そう。

19　自主的にお掃除してもらうためのしかけ

あなたはお掃除が好きですか

お掃除が大好きなママの元で育つ子どもは掃除が好きになる傾向があります。一方で、ママがお掃除好きでも子どもが興味を示さず、「すべての掃除はママがするものだ」、「綺麗な環境は好き。だけど掃除は嫌い」という大人になることもあります。

まずは、子どもに「掃除すること」の興味を持ってもらう。そして「お掃除をしやすい環境になっているか」を確認しましょう。それから自主的にお掃除してもらうしかけをつくるのです。

我が家ではテーブルの近くに「アルコール除菌シート」を置き、すぐにテーブルを拭けるようにしています。このときテーブルの上にモノが置かれると拭く作業が億劫になってしまいます。

より拭きやすい環境にするため、テレビのリモコンも粘着式のマジックテープでテーブルの脚の部分に取りつけています。

アルコール除菌シートは下のイラストのようにコメントつきで置いて

います。よくコンビニのトイレに「いつも綺麗に使っていただきありがとうございます」と書かれていますよね。それを見るだけで「綺麗に使おう」という意識が生まれませんか。子どもも同じで「いつも綺麗にしてくれてありがとう」と言葉やイラストで表すことで「綺麗にしてよかった」、「もっと綺麗にしよう」と思うものです。

普段のお掃除では、１つのカゴに「雑巾・ハタキ・お掃除ブラシ」などを入れ、子ども専用のお掃除カゴをつくっています。子どもが使えるお掃除用品をグループとしてまとめておくことも、お掃除をしてもらうよいしかけです。

これは収納用語で「グルーピング」と言います。お掃除のやり方を教え、お部屋を自由にお掃除させてあげましょう。家の家具のあらゆる隙間に入り、大人では考えられない場所までお掃除してくれるはずです。

そして最も掃除で重要な「掃除機がけ」はママが行い、なるべく子どもには「拭き掃除」をしてもらいましょう。「お掃除において掃除機がけと雑巾がけが一番綺麗にできる」とプロのハウスクリーニング士の田村智一さんも言います。普段使っているものに対して「感謝の気持ち」も生まれます。

♡ポイント

子どもに、まずは興味を持たせよう。そして、お掃除しやすい環境に。

20　時間の管理ができるようになるしかけ

時間を学び「心の準備」をする時間をつくる

子どもに時間管理をさせることは重要なことだと思っています。「整理収納」で時間の管理なんて関係ないじゃない、と思うかもしれませんが、「時間」をしっかり学ぶことは、「整理」をすることにおいて非常に重要であり、より「心の整理」ができる手段なのです。

たとえば、「何時から何時までおもちゃで遊ぼうね」、「何時にはお家を出るから準備しなくちゃね」と時間の話をしておくだけで、子どもは今の作業をやめて「心の準備」をすることができるのです。

しかし時計が読めないと、それも難しいので、まずは時計を読むトレーニングします。時計を私はこのように教えました。

①はじめは「時間」を教えます。「9時になったら寝ようね」と普段から何時と時計を見ながら言うようにして、「何時」という言葉をよく聞かせます。

②次に、「分」を教えます。おもちゃの時計を使って、1分、2分と書いていくのです。

③短針には子どもの顔を。長針にはママの顔を書きます。

③それが「あなただけの時計がわかる魔法のアイテムなのよ！」と伝えてあげてください。

そして、聞くのです。「今何時だかわかる？」と。

すると、走ってそのおもちゃの時計をとり、時計の針を現在の時計の時刻と同じようにあわせます。

「〇〇ちゃんの針はなんの数字になったかな？」―「9だよ」

「ママの針はなんの数字になったかな？　小さい数字を教えてくれる？」―「15だよ」

「大変！　もう9時15分なのね。〇〇ちゃん、教えてくれてありがとう」

子どもは自信満々にドヤ顔をするのです。

「お母さんに教えてあげたぞ」、そんな感覚でしょうね。

これは子どもの自信につながり、子どものためのトレーニングになるのです。

気づいたら勝手に時計を読み、時間どおりに行動する子に育ちます。

このように時間の感覚がわかるようになると、「心の準備」をする時間ができて、「数」の概念も理解できるようになります。

♡ポイント

時間を学ぶことで「心の準備」ができる。

21　スケジュール通りに動けるしかけ

「日」の感覚を学び管理能力を身につける

子どもには「1日の感覚や曜日の感覚」を教えてあげないと、なかなか理解できないものです。まずはお日様が昇ってお月様が出てくるまでの流れをイラストなどで教えてあげること。1日の始まりと終わりを知った上で、次に教えてあげたいのは「曜日の感覚」。これは5本指で伝えてあげるとわかりやすいです。

月曜日から金曜日までは保育園や幼稚園。残りの土・日曜日は、もう片方の指2本で伝えます。「月の感覚」は、スケジュール帳で伝えることができます。

我が家では、スケジュール帳自体を、まだ文字がかけない頃から「落書き帳」として使っていました。そして、子どもにとって特別なイベントの日には、子ども自身にイラストを描いてもらうのです。夏だと、「プール」「夏祭り」「花火」などのイベントがあります。日本の四季に合わせて、楽しみを教えてあげるのです。それから「あと5回寝たら海にいけるね」と子どもと一緒に数えてみる。すると、日にちの感覚が「視覚」で伝えられるので、子どもにとってわかりやすいんですね。

またこれを行うことでよい点はもう1つあります。

「海」に合わせて、自分自身で準備しようとするのです。

「海に行くから、タオルと水着を出しておかなきゃ」と考えるのです。

更にやっていただきたいことが、大人が決めた予定だけではなく「子どもも自身が決めた遊びの予定」なども書き込んでもらうということです。そうすることで、「時間やスケジュールを自分で決めることができる」という意識をつくり、「計画を立てる意欲」も生まれるます。

すると、子どもなりに考えていることがあるようで、「この日は何しようかな」、「なんだか最近遊ぶ日がないぞ」なんて、言うようになります。

更に「何も予定が入っていない日は何をしよう」と子どもは考えます。

そんなときは大人の後押しを待っているはずです。

「『この間ダンスの練習をしなきゃ！』と言ってなかった？」と声をかけます。

すると子どもは、はっとした表情で「そうそう！　今日はダンスを練習する日なの！」と言い、書き込みます。

このように子ども自身に気づかせ「自己決定」を促すことで、毎日の達成感や時間のありがたさに気づくことができるのです。

♡ポイント
スケジュール帳を使って「計画性」を養おう。

22 やるべきことが順序立ててわかるようになるしかけ

「（できたら）褒めちゃうぞ！シート」をつくろう！

我が家では、やってほしいことリストをフセンに書き、クリアファイルに貼って管理しています。これは、子ども自身に新たにチャレンジしてもらいたい課題をフセンに貼って、1つ課題をクリアしたら、次のページにフセンを貼りかえるというシートです。なので、「何がいくつクリアできたのか」が一目でわかり、「何が新たにできたのか」を1日の終わりに振り返ることができます。

「チェック項目をメモで書けばいいじゃない！」と思う方もいるかと思いますが、子どもにとって、「貼る」という作業が楽しみの1つなのです。子どもにシールを与えていたら、机や壁が気づいたときにはシールまみれに…という経験もあるのではないでしょうか。せっかく子どもにしかけるなら、「子どもが楽しんで行える工夫をすること」が「習慣化」させるために重要です。

「あな吉手帳術」の講師で整理収納アドバイザーでもある須藤ゆみさんは、フセンを使って家を片づける講座をされているのですが、そこでアドバイスをいただいたことが、1作業につき1枚のフセンを使って書き、明

確に細分化するということです。

たとえば、「家を片づける」ではなく「洗面所の戸棚を片づける」と書く。「クローゼットを片づける」ではなく「古い靴下を処分する」など、より明確に細分化するのです。より明確に書くことで、それを「こなす」ことができるというものです。

私は今まで「新たにチャレンジしてほしいもの」をフセンに書いていていましたが、靴を揃えるなど、既にできているものも、フセンに書いて取り組むと、より効果がでやすいとのことでした。その理由は、子どもはどんどんシールやフセンを動かしたいから。「結構頑張ったのに1枚しかフセンを動かせない。ちぇっ」よりは、いつも難なくできているルーティンを細分化してフセンをつくっておくことで、たくさんフセンを動かすことができ、達成感につながります。絶好調のときは「どうせなら残りのフセンも剥がしたいから頑張ろう！」という欲につながります。

このアドバイスによって、改良された「褒めちゃうぞシート」は、前よりもできる項目が増え、子どもは前より楽しんでいます。そして「やるべきこと」を順路立てて行動ができるようになります。朝起きたら「トイレに行って」、それから着ていた「パジャマと畳み」、「洋服を選ぶ」そしたら、リビングでフセンを貼りかえる。より効率よくフセンを貼るために行動に工夫をしているのです。

♡ポイント
順序立てて行動ができるように。

23　まだまだ苦手意識があるお片づけをもっと楽しくするしかけ

もっと楽しくお片づけを

「子どもがなかなか動き出さない」。

そんなときにはもっと楽しくなる工夫をしてみましょう。

①好きな音楽をかけてチャレンジ！

子どもが好きな音楽を流しながらお片づけをすると、不思議と身体が軽くなります。プリンセスが好きならプリンセスの曲」をかけて、白雪姫のように優雅にお片づけ。アンパンマンの曲をかけると…なんだか力が湧いてくるかも。音楽を途中で止めて、そのときはフリーズ（動きを止める）というのも飽きずに続けられる遊びの1つです。

②実況中継を行う！

「さあ、始まりました！　○○ちゃんがなんとお片づけを始めるようです」

「このお部屋を○○ちゃん1人で綺麗にすることができるのでしょうか？」

「おーっと、大きなおもちゃを持ち上げました。それをどうするのでしょうか？」

このように実況中継をしてあげると、微笑みながら、たまにふざけながらでも、きちんとお片づけに取り組んでくれます。

③「だるまさんが転んだお片づけ」を！

「だるまさんが転んだ」皆さんやり方はご存じですね？　もし、自分がキッチンに立っていて、手を離せない状態なら、ぜひやっていただきたい方法の1つです。「だるまさんが…」の間に子どもにはお片づけを進めてもらい「転んだ！」の部分で、ママは子どものほうを見る。子供はフリーズする。ママはきちんとお片づけしているあなたを見ているからね、という思いを込めて。

④お片づけ競争をはじめる！

「よーい、どん！」子どもは競争が大好き。兄弟やお友達、パパとお片づけ競争をやってみましょう。「負けないぞ！」「がんばれ自分！」と一生懸命、目の前の作業に集中してくれます。

お片づけを促す方法はたくさんあります。「ゲーム感覚で楽しめて、ママも楽しそう」。このように、その子のやる気がでる「きっかけ」を探し、親子で楽しくお片づけをしてみましょう！

そして、お片づけが終わったら、「美味しいケーキを食べようか」、「お出かけしようか」、「公園にいこうか」など、お片づけの後には「素敵なこと」が待っているということを教えてあげましょう。

♡ポイント
親子で楽しくお片づけゲーム。

24　夢を叶えるためのしかけ

片づけることは「夢」への第一歩

片づけは、「なりたい自分になる」ためのプロセスです。「片づけること」を目標にするのではなく、片づけることによって「なりたい自分」を実現していくのです。

たとえば、「勉強机を綺麗にする」ではなく、「勉強机を綺麗にして、算数で１００点をとる」。「自分のお部屋を綺麗にする」ではなく、「自分のお部屋を綺麗にして、バレエの練習をたくさんし、バレリーナになる」など片づけを通して、自分の未来を考えるのです。

未来は子どもの「夢」に満ち溢れています。

「片づけること」が目標だと、そこまでなのですが、「片づけることによって切り開く未来」は無限なのです。

「さあ、机が綺麗になった」この机で何をしよう？

「さあ、お部屋がきれいになった」この部屋で何をしよう？

お片づけした後の未来を想像して、そこから自分がなりたい自分を描きましょう。

そして、夢を叶える人は、必ず「努力」していることをお忘れなく。

もっとも本人は「努力」ではなく「当たり前」だと思って行動をしていることが多いです。他の人から「彼は夕方から夜まで庭でずっとバットの素振りをしていて、なんて努力家なんだろう」と思われていても、本人はそれが「当たり前の習慣」になっていて、別に努力なんてしていないと思っているのです。

プロの演奏家だって、毎日ひたすら練習をする「習慣」がありました。
お医者さんだって、毎日勉強をする「習慣」がありました。
そして、その環境をつくり出していたのです。

だから、あなたが「羨ましい」と思っているうちはまだ行動ができていないのです。
夢を叶えるために必要なのは、「夢を叶える環境を整える」こと。
そして、夢に向かって「当たり前」な行動をすること。
「当たり前」＝「毎日の習慣」に敵うものはないのです。
きっと、その夢は叶うはずです。

♡ポイント
夢を叶える環境づくりを。

25　幸せになるためのしかけ

子どもに「幸せ」になってもらいたい

子どもの幸せを願うのは、親として当然なことです。「幸せを掴んでもらいたい」ために、つい「勉強しなさい」など子どもにガミガミ言ってしまいがちです。

しかし、学力よりもっと大切なことがあります。

それが、子ども自身に「幸せ」になってもらうことです。

実際に「幸せだと感じている人」と「幸せだと感じていない人」の差は、「人を愛する能力をもち、良好な人間関係を築いていること」だと言われています。そのため、どんなにお金持ちでも、頭がよくても、そして「幸せそうに見えた」としても、本人が「良好な人間関係」を築いていなければ、それは「幸せ」ではないのです。

では、「良好な人間関係」をつくるために、また「幸せ」になるためにはどうすればいいのか？

「オキシトシン」というホルモンがあります。オキシトシンは、愛のホルモン、幸福のホルモンをはじめ、数々の名を持つホルモンです。

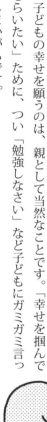

簡単に言うと、幸せな気分になったり、不安や恐怖心が減ったり、人に優しくできるようなホルモンなのです。

では、このオキシトシンをどのように増やすのか。

オキシトシンは、「家族をはじめ、他者やモノとスキンシップ」「心温まる言葉」に関係するホルモンなので、心がほっこり温まるような映画を見たり、動物とのスキンシップをとったりすることでオキシトシンをつくり出すことができます。

お片づけを通して「自立心」を身につける。そして、「幸せ」だとたくさん感じてほしいのです。「うれしい！」「感動した」などの感受性を高めていきましょう。

そして、お片づけができる子は、自然と「良好な人間関係」をつくることができます。なぜなら、生きるために必要な「時間の感覚」や「金銭の感覚」、そして「精神的な効果」は、人と付き合う上でも大切な要素だからです。「時間が守れない」、「金銭感覚がおかしい」、そんな人といつまでも友達でいられますか。

そして、精神状態が安定していると、人との付き合いをより大事にしようとします。

オキシトシンのある習慣をつくり、より幸せな人生でありますように。

♡ポイント

お片づけを通して「幸せな人生」に。

【著者メッセージ④】

第4章では、お子様にあった「コト別」でしかけをご紹介してきました。

「そっくり真似をしたほうがよい」「全部やったほうがよい」というものではありません。

個性があるように、お子様にあった「やり方」というのがあります。

ご自身で工夫されるのもよいでしょう。

そして、子ども時代に一番必要で大切なもの。

それは「遊ぶこと」。

「好き」な遊びをたくさんさせてあげましょう。

遊びの中から学べることはたくさんあります。

想像力や豊かな感性、集中力や社会性、そして挑戦すること。

そうして子どもは成長していくものです。

そして「遊び」は子どもが自ら好んで楽しむ「自発的な行為」。

やりたいことを自分で見つけ、考え、工夫する。

子どもには、好きなことをたくさんやらせてあげましょう。

そして、遊びを通して子どもの成長を見守りましょう。

子どもの成長を見守るということは「子ども自らが成長する」ことを促すことでもあります。

第5章　場所別しかけ収納

―場所別のお片づけのしかけ

1　玄関収納のしかけ

素敵な1日のスタートをきるために

まず見直すべき場所は玄関です。最初に玄関を綺麗にしておくことで、毎日の帰宅が楽しみになり、素敵な1日のスタートにきることに繋がります。

また玄関は子どもにとって、特別な場所。「ただいま」「おかえり」「さあ行こう」と玄関はウキウキする場、そして安心の場なのです。さて、皆さんのお家の玄関はいかがでしょうか。

ご自身が帰ってきてうっとりするような玄関をつくりましょう。

①玄関に生活感を出さない

まずは、玄関に生活感を出さないように意識してみましょう。

たとえば、ポストから出したチラシがそのまま置かれていませんか？　日々届くチラシやＤＭなどの紙類は「その日のうちに」「ゴミ箱の上で」必要か不要か判断できると理想です。

もし、その場での判断が難しいなら、玄関ではなく、リビングの一時保管のカゴで管理しましょう。リビングならよく目が届くので、「あ、そういえば」と、見直しやすくなります。一度チラシを持ったらすぐ中身をあけ、玄関に「置く」ことなく「生活感」を捨てましょう！

そして、今一度「玄関に必要なモノって何か」を考える。

実は玄関に置くモノって、靴と靴磨きくらいであまり玄関に必要なものはないのです。

「印鑑とペン」「かっぱなどの雨具」「日焼け止めや虫よけスプレー」などを置く家庭が多いです。

玄関のスペースが少ない場合は、「日焼け止めや虫よけスプレー」は「玄関に近いリビングに置こうかな？」「いやいや、薬箱かな？」と考えていくと、実は玄関でなくてもよいかも？　ということもあります。

②玄関は魅せる

なんだか玄関がごちゃごちゃして見える。

そんなときや床や腰高の位置にモノが多い傾向にあります。

床に靴が何足も置かれていませんか？

腰高位置の収納にモノを積んでいませんか？

せっかくなら来客時に喜ばれるようなお花を飾ったり、アロマをたいてみるのはいかがでしょう？　ドアをあけた瞬間にお花が目に入ったり、よい香りがしたりすると「なんて素敵なお家なんだろう」と来客の方にも喜ばれます。

もちろん、帰ってくるご家族も気持ちがいいですね。

♡ポイント
玄関は美しく魅せる場所。

2　靴（下駄箱）収納のしかけ

玄関は、人の身体で表すと「顔」に当たります

要するに玄関は家の「第一印象」です。そして靴は自分の身体をいつも支えてくれているモノ。もっと靴を大切にしてみませんか？

では、さっそく下駄箱に入っている靴を全て出し、眺めてみましょう。すると「あまり使っていない靴・今後使う予定がない靴」を発見した方もいるのではないでしょうか。「1年間履いていない靴」というのは、今後も履かない確率が高いです。また「冠婚葬祭の靴」「サイズアウトしているけど下の子のために保管したい靴」も無理に玄関に置く必要はありません。クローゼットの忘れない場所に移動するというのもよいでしょう。

ですが、整理をしても「下駄箱に入らない」という場合があります。そこで、「スペース」「数」から靴の量を決める方法をご紹介します。

①「スペース」から置く「場所」を決める。

整理ができたら、「収納スペース」から、それぞれの「場所」を決めていきます。子ども自身に靴を管理してもらうように、子どもに下駄箱の下段を譲りましょう。あとは「身長に合わせて」家

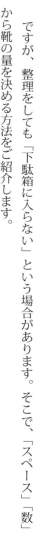

族全員のスペースを決めます。「スペース」から置く場所を決めることで、靴を「持ちすぎる」ことはありません。たとえば、「紙袋やスーパーの袋」をどんどん増やしてしまう方が多いです。「このファイルボックスに入るだけ」とルールを決めるとむやみに増やすことがなくなります。このように、「ついつい増やしてしまう」ときには、この「スペース」から管理することを意識してみましょう。「2割」の余裕をつくることも忘れずに。これは、「新しいものを受け入れられる」余裕をつくることです。

②「数」から「場所」を決める。

「数」から決めるというのは、「子どもの靴は何足」「ママの靴は何足」と具体的に「数」を決めることです。①の「スペース」から置く「場所」を決めるより、整理の難易度は高いのですが、よりしっかり管理したい方におすすめな方法です。たとえば、家に「爪切りやしゃもじ」が何個もあったなら、「爪切りは2つまで」「しゃもじは家に1つまで」そう決めてしまうのです。

このように、「スペース」や「数」から持つモノの量を決めると、増えてもすぐにわかるので、「定期的に」、そして「自動的に」整理することができます。

他の収納でも応用ができる方法ですので、覚えておいてくださいね。

♡ポイント
靴をきちんと管理して「1日の始まり」をもっと気持ちよく。

3　リビング収納のしかけ

リビングはあなたにとってどんな場所でしょうか？

リビングは、家族みんなが集まるリラックスできる場所になっていますか。「家族みんなにとって使いやすい・気持ちがよい」空間が一番です。そんなくつろぎ空間のリビングは、色々なものが集まってくる場所です。それらをすべて収納しようとすると、リビングにモノが溢れてしまいます。

①必要なものだけ。不要なものは溜めこまない

リビングにはモノを必要以上に持ち込まない。そして「モノを溜めないこと」がリビングでの基本的なルールです。

たとえば、テレビボード下に写真アルバム。ここにアルバムを入れてどれくらいの頻度で見ているでしょうか。CDは、どれくらいの頻度で聞いているでしょうか。リビングの収納は限られています。あまり使わないものは他の場所に移動するなど工夫が必要です。

②テーブル・床・腰高位置にモノを置かない

ダイニングテーブルにモノが溜まっていませんか。「腰高の棚」や「チェスト」はモノを置きやすい場所ＮＯ．１です。「モノが置いてない状態」を意識し、目指してみましょう。腰高位置にモ

ノが置かれていないだけで、見た目もすっきりします。掃除の手間もなくなります。

床も同様です。そもそも床に置くモノは、大事なモノではないことが多いです。結婚指輪や保険証券を床に置きますか。大事なモノは心理的に、床に置かないはずです。

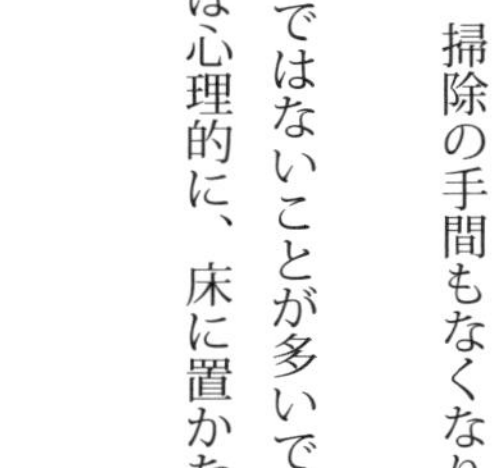

③置くではなく、飾る

玄関からリビングに向かって、全体を眺めてみてください。「魅せる収納」「隠す収納」のバランスはよいでしょうか。魅せる収納、いわゆる飾りは多すぎていませんか。反対に隠す収納ばかりだと片づいて見えますが、お部屋は殺風景で冷たい印象になります。

リビングはご自身の好きな色２～３色で構成し、すっきりした空間だと飾り物が引き立ちます。ある遊園地のテーマパークでは、エリアごとにテーマが決まっています。そのテーマから合わないモノや色は、悪い意味で人の目を引いてしまいます。

ご自宅のリビングでもテーマを決めると、インテリアの知識はなくとも取り除くべきものが見えてくるようになり、どんなインテリアがお部屋にマッチし「心地よい」のかを考えることができます。

♡ポイント
気持ちよく過ごせるリビングを目指そう。

4　洗面所のしかけ

気持ちを整える洗面所に

洗面所は狭い場所にもかかわらず、使うモノが多いため生活感が出やすい場所の1つです。慌ただしく朝の準備をする洗面所になっているのなら、気持ちを整える洗面所に変えてみましょう。

綺麗な鏡の前で「素」の自分としっかり向き合い、「今日もがんばれ！」、帰ってきたら「おつかれさま」と言える、そんな自分と向き合える洗面所にしてみませんか。

①洗面所では何をしていますか

実はこれを考えることは非常に重要です。なぜかというと、生活スタイルがここで大きくご家庭によって異なるからです。洗面台でお化粧をする、歯磨きをするという方もいれば、お化粧はリビングでする、歯磨きはいつもキッチン、なんてこともあります。どのように洗面所を使っているのか、どのように今後使っていきたいのか、を考えましょう。

すると、置きたいモノも見えてきますし、反対に置かなくていいモノも見えてくるのです。

②鏡は綺麗でしょうか

鏡に水滴や歯磨き粉が飛んでいませんか。鏡を磨き綺麗な状態にしておくと、「自分自身をしっかり見つめること」ができます。鏡はいつでも綺麗に保つ。水を飛ばしたらさっとひと拭き。

③必要量を超えて保管していませんか

洗面所にモノが溢れているご家庭には、洗面所にタオルやバスタオルが必要以上に置かれています。「よく使っているタオルはどれですか？」と聞くと、よく使っているタオルは手前の３つだけ。というケースが多いです。そんな方はぜひ、タオルの数を少し減らしましょう。

新品のタオルがあれば、「新品タオル」と「ごわごわタオル」を交換しましょう。よいものを使うと、気持ちもよいです。そして、子どもには「気持ちがよいものを使おうね」の意識を与えてください。

お気に入りのタオルを使って、気持ちのよい暮らしを送りましょう。

④なるべく浮かせること！

モノを浮かせることで何がよいのか？

一言でお伝えすると「お掃除がしやすい！」です。

浮かせる方法は色々ありますが、最近は１００円ショップでも浮かせるための商品が充実しています。

我が家では、ドライヤーはもちろん、石鹸だって浮かせています。

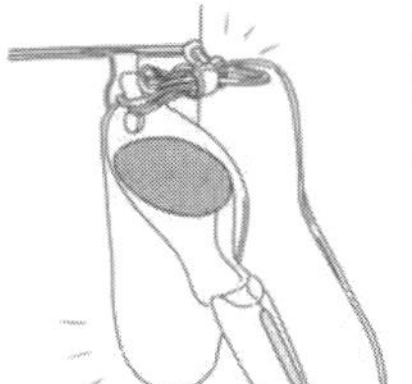

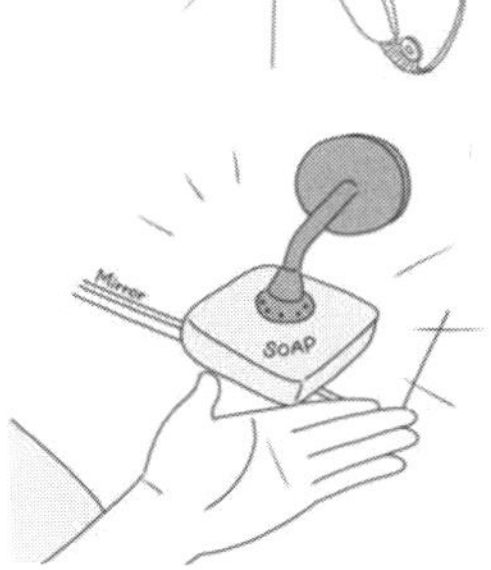

♡ポイント

綺麗な洗面所で、綺麗な自分に。

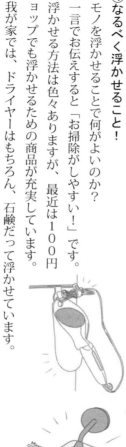

5　トイレのしかけ

トイレは私達が一番感謝すべき場所

「トイレは汚い場所」とイメージする方は多いです。そして子どもからすると、なんだか少し怖いイメージのあるトイレです。

しかし、自分の「身体の不要物を受け入れ流してくれる」トイレは私達が一番感謝すべき場所です。「トイレには神様がいる」「トイレを磨けばお金持ちになる」という言葉があるように、トイレは「自分磨き」にもってこいの場所です。実際に綺麗なトイレの家は汚いトイレの家より、年収も幸福度も高いのです。

①明るくて清潔を心がけること

トイレが綺麗だと子どもはトイレに興味をもちます。トイレが汚れていると、「トイレは汚いもの・あんまり気持ちがよくない場所」と認識してしまいます。

まずは、暗いイメージではなく明るいイメージのトイレを目指しましょう。窓が小さかったり、なんだか暗く感じる場合は、絵を飾ったり、観葉植物を1つ置くだけでもトイレの印象は変わります。

②トイレに行くと褒められる！

トイレトレーニング中の子どもに対して、上手におしっこやうんちができたら、とにかく褒めましょう！　そして一連の動作をしっかりと教えてあげることです。１人でトイレに行くようになっても、同じように褒めましょう。

子どもが「トイレに行ったら褒められるの？」と感じることができれば大成功です。

そう、トイレは「褒められる場所」なんです。

③お掃除がすぐにできる環境を

トイレのお掃除用品は、必ずトイレに置いておくことです。すぐにお掃除できる環境でないと、お掃除する気持ちが遠ざかってしまいます。

また、私はトイレマットもスリッパも置きません。

汚れがついたら、すぐ拭き取るほうが清潔ですし、トイレも１つのお部屋という認識を持ってもらいたいからです。

「いつもありがとう」と「感謝の気持ちでトイレを使おう」。

♡ポイント

「いつでも明るい、いつでも清潔」トイレに感謝を込めて。

6　キッチンのしかけ

キッチンは食べ物が料理に変わる魔法の場所

キッチンはママのスペースというイメージが強いですが、子どもをはじめ、家族の場所として認識するとよいでしょう。子どもにとって、キッチンはどんな料理ができるのかワクワクする場所なのです。

①動作動線を考える

キッチンは「すぐに作業でき、すぐに片づけることができる」が理想的です。そんなキッチンにするためには、人間の動作や動線が深く関係します。目線〜腰高までの「中」の位置は一番動作がしやすく、腰高〜足元までの「下」の位置は次に使いやすい、目線〜上の「上」の位置は一番使いにくい場所となります。「中→下→上」に合わせ、使用頻度を考えた収納の位置を決めましょう。

次に、「どこで何を使うのか」動線を考えます。たとえばコンロの下にはコンロで使う「お鍋やフライパン」を。シンクで使う「水切りボウル」「排水溝ネット」はシンクの下に置くと、動線が短く使い勝手がよいです。

このように、その場に立って引き出しを開ければ作業できる状態にしておくと料理時の歩数が減

り、より効率的にお料理することができます。

②１か所の引き出しに同じ分類でしまう

あちこち引き出しを開け「探しながら調理」することはとても大変なことです。１つの引き出しには１つの分類でしまうことを意識しましょう。調味料なら調味料の引き出し。食品なら食品の引き出し。そして、たまにしか使わない「お菓子づくりセット」「お正月セット」は上棚に分類します。

食品の引き出しを開けたら、食品の在庫もわかるので買い出しするときにも思い出しやすくなります。子どもが「お菓子」をこっそり食べても気づくことができます。

③誰がキッチンに立っても調理ができる

きちんと分類やラベリングがされていると、ママ以外の誰かがキッチンに立ったときに調理ができるようになります。実際に「お片づけサポートをした後にご主人が料理をするようになった」というお声も多いです。子どもも同様に「お料理に興味を持ち、お手伝いする傾向」にあります。

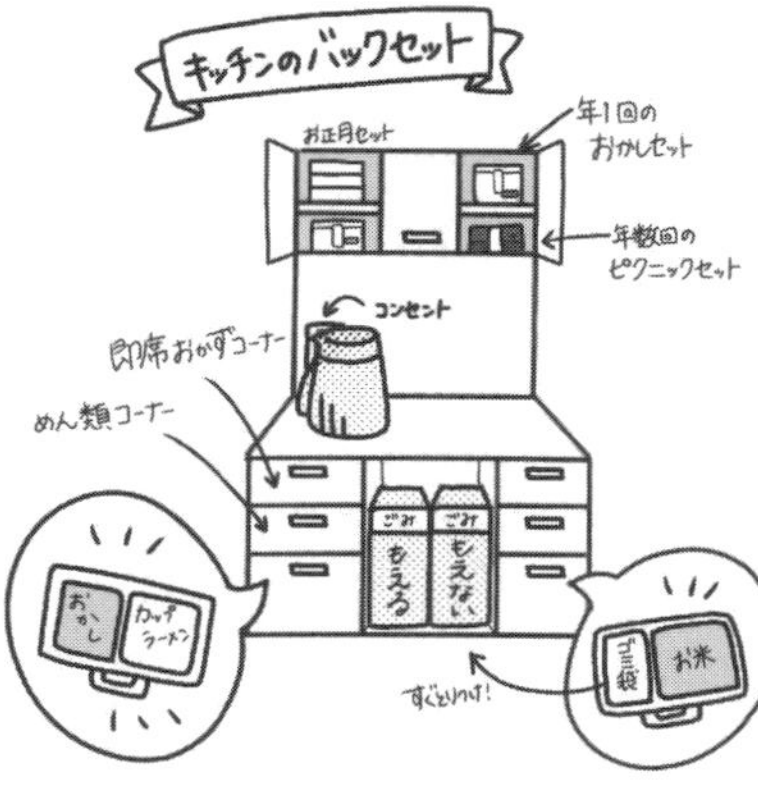

♡ポイント

綺麗なキッチンでみんなで楽しくお料理を。

7　お風呂のしかけ

お風呂は1日の疲れを癒す場所

風水ではお風呂は「邪気を払う場」とも言われています。明日に疲れを持ちこさず、リラックスできるひとときを過ごせるよう、収納にも工夫をしましょう。お風呂は水回りの中でも、石鹸カスやアカ、カビなどの汚れが最も多い場所です。「清潔×安心」を意識し快適な空間をつくりましょう。

①お風呂はとにかく「吊るす！」「かける！」「浮かせる！」

お風呂を清潔に保つために欠かせないのが、水垢やカビの発生を防ぐこと。一度カビをつくってしまうと、カビが胞子をお風呂中に飛ばしてしまいます。カビの発生を防ぐためにも、お風呂は「空中収納」をおすすめします。吊るし方には色々な方法がありますが、基本的には手すりや浴室内物干しにS字フックやハンギングステンレスピンチを用いて吊るします。

また、意外と皆さんが知らないのが、一般的なユニットバスは化粧銅版なので「磁石がくっつく」ということ（試してみてください）。吸盤だとすぐとれてしまいがちですが、マグネットだとしっかり固定できますのでおすすめです。

②お風呂から出るときには「スクレーパー」や「吸水クロス」で水をふき取る

子どもでもできるスクレーパーや吸水クロスでの拭き取り作業。

このひと手間をかけるとかけないでは、お風呂掃除において大きな差が生まれます。スクレーパーだと取りきれない水分があるので、しっかり水分を拭き取りたい方は吸水クロスがおすすめ！吸水クロスはしっかり乾くので、それ自体がカビることはまずありません。

お風呂から出るときはしっかり「水を切る」習慣をつけましょう。

③余計なものは入れない

お風呂に「使ってないシャンプーボトル」や、ひらがなを覚えたのに、いつまでも「ひらがな表」を貼っていませんか。はじめに言ったとおり、お風呂は色々な汚れが集まる場所。モノが多ければ多いほどお掃除も大変になります。小さな子どもがいるご家庭では、ついついおもちゃをお風呂に置きっぱなしにしてしまいますが、おもちゃはできればお風呂に入るときに持ち込むようにして、お風呂から出るときには持ち出しましょう。

お風呂からでたら子どもにおもちゃを拭いてもらう。すると、よりおもちゃを大切にすることができ、一緒にお風呂を出た気分で笑顔になるはずです。

♡ポイント
１日の疲れを癒すお風呂は「清潔×安全」に。

8　クローゼットのしかけ

クローゼットは「なりたい自分になる」場所

クローゼットは、自分を演出する場所。クローゼットが片づいているとどう暮らしに変化が訪れるのでしょうか…。

実は「オシャレ」になります。「今持っている服がどんな状態か」、「どれくらい持っているのか」を見渡せるようになると、無駄使いや二度買いがなくなるだけでなく「よい服だけを持ちたい」と思うようになります。

①洋服を「吊るす」か「畳む」かを明確にする

まずは自分の持っている洋服を、「吊るす」「畳む」で分類をします。

●吊るす：メリット…しまうのが楽　デメリット…伸びてしまうことがある

私はセミナー用の服・パーティードレス・喪服・冬物コートは吊るしています。畳むとシワになってしまうものだけはかけて保管し、それ以外の洋服は畳んで引き出しに分類してしまっています。

ここで、ワンポイントアドバイス！　クローゼットのハンガーの数を決めてください。ハンガ

ーの数を決めると、むやみに洋服を増やすことはなくなります。また、ハンガーを統一させることでスペースもコンパクトに。かけるときは、洋服丈を揃えたり、洋服丈を右上がりになるようにかけるとよりすっきり見た目も綺麗です。

●畳む：メリット…伸びてしまう心配がない　デメリット…しまうのが少し手間

収納スペースの面から考えると、圧倒的に畳むほうが収納の場所はとりません。Ｔシャツやパジャマはなるべく畳むようにしましょう。畳んだ洋服は、引き出しに「すべての洋服が見えるように」立てて並べましょう。取り出しやすくしまいやすい。そして選びやすい引き出しになります。

②家族全員の個人スペースを

子どもには子どもに使いやすい収納を与えましょう。深型の引き出しケースより、浅型の引き出しケースのほうが使い勝手がよいです。また、このとき目線より高い収納は与えないようにします。引き出しを引いたときに、引き出しが抜けませんか。箪笥は重いので、プラスチックケースのほうが安全です。洋服をかけて保管するときは、ブランコハンガーを使うと子どもも使い勝手がよいです。

これからは家族それぞれがさっと取れるような「着やすい服」ではなく、きちんと選んで「着たい服」を身に着けられるようになります。

> ♡ポイント
> クローゼットを見直して「なりたい自分」に。

9　押入れのしかけ

「押し込まない」押入れに

「押入れ」は「押し入れる」という言葉から、物を「押し込む」場所、いわゆる「押入れ」と名づけられました。ただ、皆さんには「押し込まない押入れ」として、使いやすい収納にしていただきたいのです。奥行きも高さもある押入れは難しい収納の1つ。ついつい使いにくい収納になってしまいがちですが、しっかりプランニングするだけで使いやすいスペースへと変わります。

①押入れ空間は「四角く」区切るイメージでプランニング

まず、押入れは、扉が半分ずつ開くので、「右」「左」と分けることができます。左右を把握せず収納を購入してしまうと、せっかく買った引き出しが引き出せなくなることもあります。扉を設置した状態で収納するのが望ましいです。

次に、「手前」「奥」という空間で区切ります。これは押入れの奥行きが深いためです。使用頻度によって分けてください。たとえば、「イベントもの」をしまう場合には、「手前がクリスマス」、「奥がお雛様」と入れ替える形にすると、奥にあるモノも覚えやすく使い勝手がよいでしょう。このとき押

入れの手前にマスキングテープでラベリングしておくと、奥にしまったモノを忘れることがないです。

最後に、「天袋」「上段」「下段」を区切ります。押入れは中板を挟み、上下の二段構造になっているため、よく使うものは「上段」→次に使うものは「下段」に配置します。使用頻度が低いもの（思い出の品など）を「天袋」に入れれば、「普段使うモノ」がより使いやすくなります。このとき天袋は必ずケースに入れて保管し、ラベリングをしてください。ケースに入れないと奥に入ったモノの存在を忘れてしまい、「押し込む場所」となってしまいがちです。

②収納用品を活用しよう

●収納キャリー：下段にはキャスター付きのモノを使うと、取り出しにくい押入れが引き出しのように使えるため、奥行までしっかり使えるようになります。

●押入れ用コの字ラック：お布団を重ねると下のお布団が取り出しにくく、崩れやすくなります。コの字ラックを使えば、高さを活用でき四角の空間を簡単につくれるため、重ねても取り出しやすい収納になります。

その他、すのこで「湿気対策」をしたり、押入れ内に洋服をかける場合は「押入れハンガー」を使うと効果的です。他にも、「カラーボックス」で高さを有効利用できます。

> ♡ポイント
>
> 押し込まない「押入れ」で空間をうまく活用しよう。

10　寝室のしかけ

人生の3分の1は睡眠の時間

起きている時間を充実させるためにも睡眠の時間はとても重要な時間です。しっかり眠れた日の翌朝は気持ちがよいものです。

この大切な睡眠の環境はきちんと整っていますか。そして、眠るまでに子どもにしてあげたいこと、自分自身がしたいことはありますか。

「絵本を読んであげたい」「日記を書きたい」そんな時間を叶え、よりよい眠りができる環境を整えましょう。

①心落ち着く場所をつくる

寝室は心落ち着く場所であるべきです。寝る前に色々なものが目に入ったり、雑音が耳に入ったりするだけで気持ちは落ち着かなくなってしまいます。なので、余計なものは置かないこと。置くのは「リラックスアイテム」だけにとどめましょう。アロマや柔らかい間接照明を用いると、よい睡眠につながります。

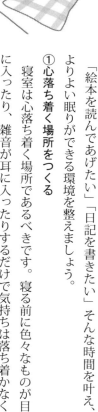

②叶えたいことをワンポイント

私は子どもに「毎晩絵本を読みたい」と思い、娘が生まれたときから読み聞かせをする習慣があります。娘は寝る前の絵本の時間が大好き。今では子どもの就寝前専用の絵本置き場をつくっています。子どもが選びやすいように、「英語絵本コーナー」「日本語絵本コーナー」をファイルケースに立てて分類しています。綺麗になっていると、子どもも絵本を選ぶのが楽しくなり同じようにしまいたくなります。

このように、「叶えたい」ワンポイントを入れてあげると、心も脳もしっかりと眠る準備をすることができますね。

もちろん、寝具も重要です。枕やまくらカバーは清潔ですか。シーツやお布団も清潔ですか。人は寝ている間にたくさんの汗をかいていますので、定期的に洗い、清潔に保ちましょう。「人生の三分の一」のこの時間をもっと大切にすることで、新しいエネルギーをチャージし素敵な朝を迎えられるはずです。

♡ポイント
環境を整えて心地よい睡眠を。

【著者プロフィール⑤】

ここでよくある失敗の話を。

「お家をおしゃれにしたい！」そう思って、素敵なインテリア雑貨を選び、たくさん置けばおしゃれになるはずと思う方がいらっしゃいます。

ですが、実際に置くと、「なんだかおしゃれではない」と失敗していく方はたくさんいます。

では、あなたが入った瞬間に「素敵なお家」と思うイメージは、どんな家でしょう？

「きれいな床、整っているモノ、綺麗なキッチン」シンプルだけど、引き立つモノがある。

そんな家ではないでしょうか。

「シンプルで清潔」に勝るインテリアなんてきっと存在しないのです。

場所ごとにテーマを決め、どの場所もあなたにとって「居心地がいい空間」であり、「お気に入りの場所」が増えたら今よりもっとご自宅が好きになるはずです。

それでは、ここからはいつも家事を頑張るママであるあなたに焦点を当てて。

もっと家事やココロが「ラク」に、そして「暮らしやすくなるしかけ」をご紹介します。

家事や育児を一生懸命頑張ることはとても素晴らしいこと。

ただ、もう少し「ラク」に生きてもよいと思うのです。

だって、「お母さん」以前にあなたも1人の人間なのだから。

第6章

ママがもっとラクに
——暮らしやすくするしかけ

1　お片づけの「手間」を減らすしかけ

あなたの「ひと手間」を減らす生活を

だいたい毎日「落ちている」場所が決まっているのが、外出から帰ってきた後の「コート」などの衣類。家で靴下を履くのが嫌いな方は「靴下」ではないでしょうか。

サラリーマンのご主人は「腕時計」「名刺入れ」をついついその辺に置いてしまいがち。それなのに、翌朝「腕時計がない！」、「名刺入れがない！」と大忙し。「もう！」と声を上げる奥様もいることでしょう。

私も、以前は毎日主人の靴下を拾っていたことがありました。その靴下を、「子どもを抱っこしながら拾う」のは、それは大変でした。見兼ねた私はリビングに「落ちている靴下」をあえて放置したことがあります。「いつになったら洗濯機に入れるのだろう？」とまるで罠をしかけるように見張っていました。

すると予想外のことに「すぐに洗濯機に入れるのかな？」と思った靴下、３日くらい放置されたままだったのです。

私は考えました。なぜ、そのままになってしまうのか。たかが靴下１枚ですが、原因があるはずだと。そして気づいたのです。

この原因は、家に帰ってからリラックスするまでの道のりの中に、「置き場がない」からなんです。言葉を変えると、「動線の上にしまう場所がない」ということです。

きっと、リビングに入ってすぐ隣に洗濯機があれば靴下を入れるはずです。

しかし、そのためにリビングに洗濯機を置くなんてなかなかできません。

そこで洗濯機の変わりに、「一時置きカゴ」をリラックスする前の場所に設置しました。カゴには「靴下のイラスト」を書く。すると、そこにきちんと入れるようになるのです。

通り道にモノを置く仕組みをつくれば、自分が何回も拾わなくてはいけなかった「ひと手間」をなくすことができるのです。

だから、名刺入れや腕時計を置く場所をつくりました。

ついその辺に置いてしまう鞄を置く場所をつくりました。

帽子を置く場所をつくりました。

すると、自然とそこに戻すようになるのです。

翌日、モノを探し慌てることもなくなりました。

♡ポイント

動線に置き場をつくってその「ひと手間」をなくそう。

2　お掃除がもっとラクになるしかけ

「すぐにお掃除、すぐにしまう」そしてお掃除をもっとラクに

「家具の配置」や「お掃除道具の配置」を工夫するだけで、家事をよりラクにすることができます。たとえば、簡単に動かすことができる家具の工夫をすると、いちいち持ち上げてお掃除をしていたモノが軽い力で移動でき、お掃除のスピードをアップさせることができます。また、お掃除用具がすぐ手に届く環境にすることで、より「家事の時短」になります。

①お掃除がすぐできる環境に

汚れやすいところは、特に「すぐにお掃除」ができるようにしましょう。

たとえば、

・ホコリが溜まりやすい洗濯物部屋に「クイックルワイパー＋フローリングシート」をセットしておく
・掃除機がかけにくい階段には、階段横にハタキを吊るしておく
・キッチンや洗面所には、「スポンジ」がすぐ使えるように置いておく
・玄関には「ホウキとチリトリ」をセットし、すぐに掃けるようにしておく

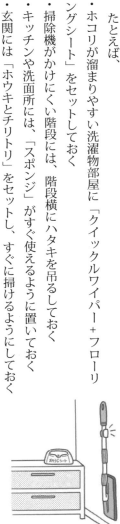

②お掃除の動線を見直し、スピーディーなお掃除を

・ソファーと壁との間、ダイニングテーブルと壁との間などを、クイックルワイパーや掃除機が通る幅に変え、お掃除の動きを止めないようにする
・ダイニングテーブルやイスの脚にカバーをつけて、動きやすくする
・キャスターが付いているカゴや収納を使い、家具自体を動きやすくする
（観葉植物用のキャスター・衣装ケースの下にキャスター台など）
・そもそも、「ある」と掃除がしにくいものを、取り外してしまう
（浴室の棚・排水溝カバーなどをはずし、それを洗うお掃除のひと手間　を減らす）

③「ながら」掃除でラクに習慣化

・テレビを見「ながら」机の拭き掃除・歯を磨き「ながら」洗面所掃除
・朝起きてクイックルワイパーを持ち「ながら」リビングへ向かう

毎日のプチお掃除を続けることで、汚れがたまりお掃除が余計に大変になることを防ぐことができます。綺麗なお家はこのプチ掃除を続ける「習慣」ができているのです。お掃除をラクにして家事の短時間化を目指しましょう。

♡ポイント
お掃除がしやすい動線・環境づくりを。

3　家事の流れがもっとラクになるしかけ

歩数を短くして毎日の労力や家事の時間を減らす

毎日の家事の1つである洗濯。「洗う場所」「干す場所」「しまう場所」まで何歩でいけますか。

ここでは洗濯を例にして、家事の歩数と流れを見ていきましょう。

①「洗う場所」〜「干す場所」

まずはこの歩数を減らすと「洗濯を干す気持ち」になります。

室内干しをする方は、なるべく近いお部屋に物干しを置くとよいでしょう。持ち家なら、天井から吊るして干せるホスクリーンを使えば、どこにでも物干しを設置することができます。急いで乾かす場合には、お風呂の浴室乾燥機を使う手も。

私は、キャスターで移動でき、折り畳みもできる、室内干しスタンドを使っています。これがよい点は低い所を子どもの場所として提供することができる点です。そして我が家は洗濯機からこの部屋まで「5歩」でいけます。

②「干す場所」〜「しまう場所」

干す場所からしまう場所が近いと、「お洋服を畳む気持ち」になります。我が家は、「干す場所」〜

「しまう場所」までは「０歩」です。「０歩？」と驚く方もいらっしゃいますが、畳むときに同じ部屋で家族全員の洗濯物を管理し、畳みながらしまっています。

この「ながら」作業によって、私は「しまう」感覚はあっても「たたむ」感覚はあまりありません。家族の衣類が１か所でしまえると、歩数が減り何よりラクです。

家族にお手伝いしてもらうときは、このお部屋でそれぞれの引き出し前に待機し各自で収納します。誰もその場を動かずしまえるのです。

このように歩数を考え、「洗濯機を置く位置」はこれからご新築をされる方に一番重視していただきたい場所の１つです。ただ、もう住居がある場合、洗濯機を置く位置を今更変えるのは大変です。そんなときは「洋服をしまうところ」を見直しましょう。

これは洗濯に限らず言えることです。

キッチンから食品庫までが遠い、朝の身支度をあちこちでしているなど。歩数を考え、モノを配置する場所を考えるともっとラクに生活ができます。

そして、家事の負担をラクにすることで、子どもと向き合う時間を増やすことができます。

♡ポイント
移動を少なくして「効率よく」家事をしよう。

4　書類整理をもっと簡単にするしかけ

もっとラクに書類管理を

書類や手紙などの紙類。「毎日忙しいのにいちいちしっかり管理してられない」。これは整理収納アドバイザーである私もそう感じます。

では、もっと管理をラクにしませんか？

私は書類を３つのクラスに分けます。

Ａクラス＝重要度★★★

重要書類やあまり取り出さない書類、契約書・保険内容（保険証券）など

Ａクラスの書類は他の紙に紛れてしまうと「大変」な書類。

これだけは、きちんとファイリングし、しっかりと保管する。

Ｂクラス＝重要度★★

たまに取り出す程度で、どんどん増える書類：取扱説明書・連絡網など

よく取扱説明書をＡクラスのようにファイリングしている方がいますが、私はおすすめしません。そもそもこのデジタル社会では、洗濯機からエラー番号

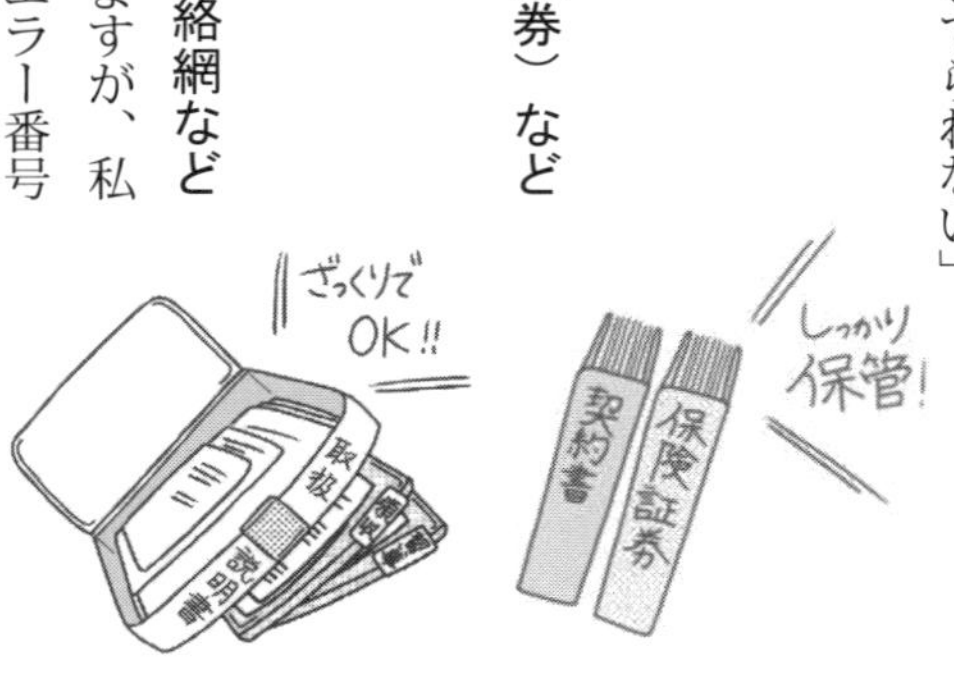

が出たらネットで調べるほうが早いのです。プラスチックケースやクリアファイルにラベルをつけるなどして、あなたがさっと分別できる方法で、リビングが書類まみれになることを防ぎましょう。

「ざっくり管理」で十分です。

Cクラス＝重要度★

どんどん増える書類：学校のプリント・ポストに入ってくるチラシなど

手に取った瞬間に必要かどうか、「空中戦」で考えましょう。

保育園や幼稚園だと月間スケジュールで来る給食表があります。それは冷蔵庫横に1～2枚だけとルールを決め、貼りましょう。

その他＝「どのクラスだかわからない」「すぐに判断できない」

その場合は、リビングに「一時保管ボックス」を1つ設け、一時保管ボックスがいっぱいになる前に「見直す」というルールにしましょう。

このように3つのクラスで分けること。綺麗にしまう必要はありません。この作業に時間をかけるのは非常にもったいないです。

だって、本来はAクラスの書類だけで、十分なのですから。

♡ポイント
重要度別（クラス別）に書類管理を。

5　「怒る」ではなく「叱る」しかけ

「怒る」と「叱る」の差を明確に

以前、あるお客様が涙を流し「こんなに我が子が可愛いのに、毎日私は子どもに怒ってしまうんです」とご相談をいただいたことがあります。

私も以前は「子どもが将来困ることがないように」とにかく真剣でした。そして、心のどこかで「いいお母さんにならなくちゃ」、「子どもの躾は私への評価だ」と自分自身に大きなプレッシャーを与えていたのです。それから、私は心身のバランスを乱し、ストレスから入院をした経験も。

そのときに「子どもにとっていいお母さんって何だろう?」「怒るってそもそも何だろう?」と考え、そして気づいたのです。私は子どもに「怒っていた」ということに。

自分の気持ちのイライラが関係するものが「怒る」。自分がイライラしているわけではなく、子どものためにしっかり伝えることが「叱る」。この違いを明確にできていなかったのです。

「私の体調が悪いのに子どもが泣いてうるさい」…「うるさいって言ってるでしょ!」。

これは自分がイライラしたことで子どもに「怒る」行為で、子どもを「叱って」はいません。

「子どもが友達を叩いてしまった」…「お友達がケガをしちゃったらどうするの!」。

これは子どもが暴力的にならないよう「叱る」行為です。大人になったとき、どんなに頭に来ても相手を叩くことは許されません。手を上げないで解決する方法を教えるのが正しい教育でしょう。そこで私は「叱る基準」を決めました。「法的なこと」「道徳的なこと」この２つです。たとえば、お店の商品を盗もうとした。お友達に手を挙げてしまった。道路に飛び出そうとした。このようなときにはしっかり叱ります。

最近は「怒らない育児・褒める育児」という社会のモラルがありますが、叱らないといけない場面もあります。そんなときにいちいち褒めていたら、子どもは甘やかされ将来危ないことやいけないこともわからないまま育ってしまうのです。

子どもはいつでも褒めればいい、それは子どもの将来を考えていない育児です。褒めるときはしっかり褒め、叱るときはしっかり叱る。それが重要です。

子どもに注意をしようとしたときに、自分のイライラが原因なら、少し落ち着いて数回深呼吸してみてください。そして子どもに「怒るのか」「叱るのか」を考えましょう。「叱る」ことは決して悪いことではありません。自分の気持ちをコントロールし、冷静になれる余裕をつくってください。子どもにとってよいお母さんは、きっと「子どものことを考えた」お母さんではないでしょうか。

♡ポイント
「叱る」は悪いことではない。

6　子どもにわかるように伝えるしかけ

伝え方がとても大切

子育ての中で、「何回言ってもわからない」そう感じることはありませんか。

ここでは、子どもに「わかるように伝える」ための3つのポイントをご紹介します。

①表情や口調を意識

伝える側であるママの口調や表情はどうですか。同じ言葉でも、相手の口調や表情、態度で「えっ？」と思う経験をしたことありませんか。「ありがとう」を優しい口調で言われたときと、怒ったような口調で言われたときでは大きな違いがあります。

子どもの耳をより傾けやすくするためには、「穏やかな口調、穏やかな表情」で言葉を伝えることが大切です

②子どもに伝える距離を意識

穏やかに伝えるために、もう1つ重要なことが「距離」です。遠くからではなく、近くで声をかける。遠くから声をかけると、どうしても「怒鳴っている」「大きな声＝こわい」という印象になってしまいます。不安が増してしまったり、名前を呼ばれただけでビクっとしてしまうようになるのです。

きちんと伝えたいことがあるのなら、子どもに近づき、手を取りゆっくりと伝えてください。すると、子どもは安心した気持ちでママの言葉を聞くことができるはずです。

③伝える環境・状況は整っていますか

子どもは目に入るもの、耳に入るもの、すべてに敏感で、気持ちが移ってしまいがちです。先生に怒られているのに、先生の後ろで遊んでいる子が気になって、言葉が入ってこないものです。

怒られていると「意識をどこかにそらしてしまいたい」と思うのが人間。ただ子供は、意識をそらしてしまいたくて、そらしているのではなく、ただ「気になったから」「興味があったから」気持ちがそれてしまうことがあります。

子どもに伝えるときに、手に届く場所におもちゃがあったり、テレビがついているだけで「伝えたいことも伝わりにくく」なってしまいます。きちんと伝えたいのであれば、伝えやすい環境に連れて行くこと。お庭やお風呂で伝えてみるなど、環境を変えることもおすすめです。

伝えた後には、「お話がきちんと聞けて偉いね」と褒めてあげましょう。きちんと話をしている人に対して、耳を傾けられる、目を向けられる、そして「気持ち」を向けられる。

そうして、子どもがきちんと理解し受け入れることができる大人へ成長していきます。

♡ポイント

きっとあなたの言葉は子どもに伝わる。

7　子どもの反抗期や思春期の「心の整理」のしかけ

反抗期は「自立への第一歩」

子どもは感情が波のように激しく、自分で自分の気持ちをコントロールするのが非常に難しい。そんなときはママがまず冷静になってください。そして、子どものその気持ちに区切りをつけてあげましょう。

たとえば、スーパーで泣き叫ぶ子どもがいます。足をバタバタさせて「買って！」という光景です。そんなときには「泣くのはおしまい。どうして泣いているのか教えてくれる？」と問うのです。

はじめは、すんなり泣き止むことはありませんが、この流れができると、子どもは口を開きます。よくわからない回答でも一度しっかり子どもの話を聞いて、子どもの意見に同調することです。「そうね、これがキラキラしてるから欲しかったのね」と買わなくても、子どもの意見をまずはしっかりと聞いてください。それから、子どもの手をとり、穏やかな口調でお話ししましょう。「だけどね、今はどうしても買えないの」と理由を伝えるのです。

一度子どもの意見に同調する。これがポイントです。

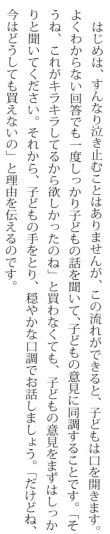

このように「心の整理」をする時間をつくります。「そうだね、これがあると嬉しいよね。だけどね…」と「同調」というワンクッションがあるだけで、子どもは「ママが認めてくれた」、「わかってくれた」と思うのです。欲しいものよりも、「わかってくれた」の気持ちで、買いたかったものから意識をそらすことができるのです。

これは小学生や中学生の子どもも同じです。「学校がつまんない」と言ったなら、「学校つまんないよね。勉強大変でしょ？」と同調する。すると、なぜ「つまんない」と思ったのか、理由を伝えようとしてくれます。それを、頭ごなしに「そんなこと言ってないで、勉強しなさい！」と強くママが言うと、どんどん話したくなくなるのです。

子どもの成長過程において、ママが「わかってくれた」というのは、「信頼の確認」でもあります。その感情をコントロールするというのは、生きる上での重要なテーマですね。特に思春期や反抗期は子ども自身が感情に振り回され、自分の考えがまとまらず、困惑してしまいます。ですが、この感情をコントロールできるようにならないと大人にはなれません。

「心の整理」が上手い人は「モノの整理」が得意です。どうしたらよいのか改善策を導きだし、「不要な考え」を捨てることができるからです。

♡ポイント
子どもの気持ちを受け入れ一緒に「心の整理」をしていこう。

8　子どもを信じて見守るしかけ

失敗する可能性があっても「挑戦してもらう」ことが大切

子どもと生活をしていると、様々な気づきや学びがあります。子どもは、私たちと同じ1人の人間です。私は1人の人間として娘と向き合い、あまり子ども扱いはしません。コップにお茶を入れて運ぶときもあえて口はだしません。「絶対こぼすから、ママが運ぶ！」というのは、子どもの気持ちを尊重できていない気がするのです。

もし、子どもが「やりたい！」という気持ちがあるなら、その気持ちを褒め、応援し、失敗する可能性があっても「挑戦してもらう」ことが大切ではないでしょうか。

コップからお茶をこぼしてしまっても、それは故意（わざと）ではなく過失（うっかり）です。この世に生まれてまだ経験も浅いので上手くできなくて当然です。そして、子どもにも上手くできない事情があるということをお忘れないようにしてください。子どもは経験が浅いだけではなく、手先足先の機能や力も大人に比べるとまだまだ発達していないのです。

なので、たった一度のミスで怒るのではなく、どんなことでも「10回」は教わらないとできないという気持ちで子どもと向き合ってください。10回教えて信じて見守る。たとえ時間がかかっても待ってあげる。できたときには褒めてあげましょう。声かけをするなら「両手でしっかり持てばうまく運べるよ」とアドバイスにしましょう。

以前、娘と児童館のキッズルームに行ったときのことです。ブロックをしまおうとしている1人の女の子がいました。しかし、ブロックが組み立てられていたため、ブロックの収納にブロックが収まらないのです。それでも一生懸命頑張る女の子に、声をかけました。「こうしたらどう？」とブロックを少し崩してあげました。

すると、女の子はニッコリ。しっかりしまうことができて嬉しい様子が伝わりました。

時にはヒントを与える。ヒントを与えてできたときでも、子どもは「達成感」を味わうことができます。

はじめは誰だってできなくて当然。失敗は私達が学ぶために絶好の機会だということを忘れないでください。失敗すればするほど、学ぶことも多いのです。

ついつい子どもが失敗をしないように過干渉になってしまいますが、子どもの「失敗する権利」を奪わないであげてください。

子どもが大切だからこそ、「信頼して見守る」ことが大切なのです。

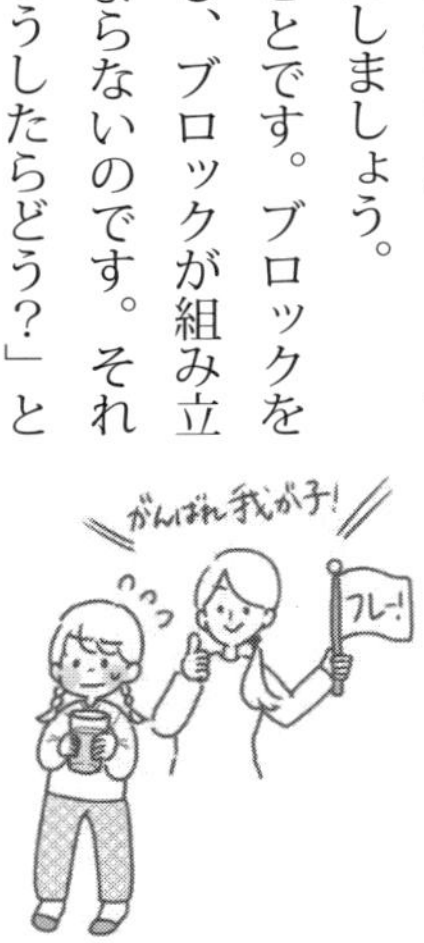

♡ポイント
「きっとできるよ！　頑張ってごらん！」それが子どもを見守るということ。

9　子どもに完璧を求めすぎない心のしかけ

人間は完璧じゃない。いつだって。そして誰だって

あなたは、子どもに完璧を求めていませんか。

あなたが子どもにイライラしているときには必ずと言っていいほど、頭の中に「理想の子ども」を描いているはずです。ご主人にイライラしてしまうのも同様です。

なんで「置きっぱなし」にするんだろう。それは、片づけられる「完璧な」子ども、ご主人を求めてしまっているから。

どんな関係でも「自分の中の理想の人」に変えようとしてはいけない、そう私は思っています。

このように相手に「完璧」を求めてしまうとき、あなた自身が「完璧主義」になっていることがあります。

「完璧主義」というのは、完璧であるがゆえ、失敗したときにメンタルが壊れやすいです。

なので、収納と同様に「心に2割の余裕」が必要です。

完璧主義の方は、たまには人に頼る。たまには愚痴ってみる。小さい目標をコツコツとこなす。時には休む。

そうすることで、「完璧」を目指し、自分にプレッシャーをかけることや、完璧を人に押し付けることがなくなるはずです。

こんな偉そうなことを言っていますが、実は私も「完璧」を目指すタイプの人間でした。

そのため、仕事や育児についイライラしてしまうことが多かったように思えます。

そして今は、「完璧じゃなくてもいいから、全力を尽くす」ことに意識を向けるようにしました。

すると、自分自身のプレッシャーから解放され、たくさんの「挑戦」をするようになりました。

人間、完璧でなくてもいいのです。

思いっきり恥をかいたって、それは1つの経験。恐れることはないのです。

きっとその失敗の経験が、あなたや子どもの人生をより豊かにしてくれるはずです。

♡ポイント

完璧な人はいない。

【著者メッセージ⑥】

ご存じでしょうか？

ママが子どもに絵本を読むと、落ち着く気持ちになる。

パパが子どもに絵本を読むと、ワクワクした気持ちになる。

子どもにとって思わず興奮してしまうような、ワクワク感・ドキドキ感を与えてくれるパパは、まるで遊園地のような存在です。

そんな子どものワクワク感をつくるパパができることって何でしょう？

どうしてもママに比べると、子どもにとって「蚊帳の外」のようなイメージがありますが、それでも笑顔があって、ごはんを食べて生活できるというのは、パパがいるからでしょう。特別に、何かをするわけではないですが、「子育てを一緒に楽しむ」、「たまには思いっきり子どもと遊んでみる」のもよいかと思います。

ただ、遊園地はとっても楽しいけど、そこに住みたいとは思わないはずです。

やっぱり、落ち着く我が家に帰りたいですよね。その心落ち着く場所はママなんです。

なんだかんだ言って、子どもの一番はママ、ということですね。

第7章　暮らし方を変えてみる

1 「大掃除」と「大片づけ」はしない

大掃除や大片づけなんてする必要はない

12月頃になると「年末の大掃除」と、テレビで特集が組まれたり、巷でも話がでたりします。しかし、私たちは大掃除や大片づけなんてする必要はないのです。実際、私は年末に大掃除といって「はりきる」ことはありません。年末は、自分や家族が「どうゆったり過ごせるか」を考えています。

そのために、一気に大掃除をするのではなく、大掃除をしなくていいように普段過ごすことが大切です。

たとえば、「お風呂で自分の身体を洗ったついでに、壁を拭いてみる」。「子どもが汚したリビングの床を拭いたついでに、椅子の足を拭いてみる」。こまめに行うことで、少ない労力でお家の綺麗を維持することができるからです。

お片づけも同じで、普段からお片づけする習慣ができていれば、年末に張り切ってお片づけする必要はないのです。普段からできていれば、モノはもう整っているはずですから。

そして、我が家では大掛かりな衣替えも基本的にはありません。

そもそも「衣替え」自体が面倒くさいと思いませんか。「夏もの」と「冬もの」を分けて保管している場合、「肌寒い」といった中途半端な季節に着たい洋服を探し、取り出すなんて、すごく大変なこと。

取り出すのが面倒なら、しまうのはもっと面倒なはずです。

なら、衣替えしないようにスペースを考えて、洋服置き場をつくればいいのです。

スペースがない場合は、今持っている洋服を見直したり、明らかに「真夏しか使わないモノだけ」「真冬しか使わないものだけ」を衣替えという形をとってみましょう。

また、子どもの学校関係のモノを、この「大掃除」「大片づけ」で失くしてしまうことがあります。「使わないと思っていた習字道具どこにいった？」という事態になります。

もし、子どものモノを見直すなら「年末」ではなく、学年が変わる「年度末」に行いましょう。

面倒くさがりな人ほど、暮らし方を変えてみるべきです。

「大掃除」や「大片づけ」をする代わりに、皆さんも年末は好きなことをしてゆっくり過ごしませんか。

♡ポイント

「こまめに」を意識すれば「大掃除」「大片づけ」。

2　毎日の「5分リセット時間」で散らからない部屋に

毎日「5分」でよいのでお家をリセットする時間をつくる

このたった「5分」で家が散らかることを阻止することができます。

我が家は毎日この「5分」を寝る前につくっています。

具体的には、娘はおもちゃをしっかり片づける時間、私はキッチンまわりをお掃除する時間、主人はリビングに出ているモノがないか確認し、机を拭く時間に当てています。

このリセット時間のおかげで、寝る時には「モノが出っ放し」という状態ではありません。朝起きるとお部屋はすっきり綺麗に整っています。

この「5分」という時間。毎日の取り組みですが、実は苦痛な時間ではないのです。だって、たったの「1日5分」で終わるのですから。そう考えると、肩の荷がおりるような気がしませんか。子どもはその「5分間」でおもちゃをまとめられます。しかも、時間制限があるので、ささっと動きます。

このように、片づけるタイミングを家族で決めることで、「後で片づけよう」、「明日片づければいいや」という意識がなくなるのです。

「5分」の習慣をつくる

実はこの「5分リセット時間」は習慣化に必要な要素を備えています。

「時間」「場所」「誰と」「行動」。

この4つが決められていると、習慣化されやすくなるのです。

「夜寝る前に」「リビングを」「家族みんなで」「綺麗にする」。

この4つの要素をルール化すると、「行動」の引き金を引き、気づいたら「習慣」に変化します。

「時間」と「場所」と「人」と「行動」を具体的にイメージし、しっかりと家族でルールを決めることが素敵な明日をみんなで迎えられる「ひと工夫」なのです。

目指すべきは「5分リセット時間」ができるお家。

「プリントを一時保管のカゴに入れる」「脱いだ洋服を一か所にまとめる」というような簡単にできる習慣からはじめてみましょう。

家族が頑張りすぎず、楽しみながら取り組める時間でありますように。

♡ポイント

たったの「5分」が生活を変える。

3　冒険収納から「脱・冒険収納」に

脱・冒険収納で探し物の時間をなくそう

冒険収納とは私が勝手につくった言葉ですが、「あれどこいったの?」と探している姿のことを意味しています。「あれがない」、「これがない」はまさに、探し物を探している「冒険」ですよね。

そして、「必要なモノが見つからない」という状況を楽しむ方もいないはずです。

探すことで何か脳によい影響があるかもしれませんが、その探している時間を自分の「したいこと」の時間にあてたほうがよっぽど有意義で素敵な時間を過ごせるでしょう。なにより、こんな冒険を毎日していたら家族みんなが疲れてしまいます。

だから「誰もがわかり、誰もが使いやすい収納」を目指すべきなのです。

大人だけでなく、子どもも「探し物のための冒険」をすることがなくなるので、自分でモノを取り出し、「あれどこ?」とは聞いてきません。

それが「冒険から脱する」ということです。

そしてやっぱり「子ども」ってすごい!

主人が夕食後に七味唐辛子を机にしばらく置いておくと、娘が「しまわないと」と言って、七味唐辛子をスパイスケースにしまいます。私は教えていないのですが、収納の「ラベル」を見ているのと、大人の行動をよく観察し、行動に移しているのです。

たまに来る両親に、聞かれたモノの位置も、娘は正確に言い当てることができるのです。

買い物のときに「牛乳がもうないから」なんてことまで。

それほど子どもの「観察力」や「行動に移すことができるパワー」は素晴らしいものです。

皆さんには今後、このような「探し物の冒険」をしないでほしいのです。

正しいお片づけのやり方で「モノの位置を正確にきめ、しかけること」ができていれば、モノの定位置が決まるので、探し物はなくなります。なので、探し物をしていたら、「整理と収納」をしっかり見直してあげること。

何かを探している家族がいたら、探してしまう原因を一緒に考えること。もうあなたならそれができるはずです。

今までしていた冒険をやめ、「脱・冒険収納」でストレスを感じることなく、「自分でモノを取り出し、元の定位置に戻す」。

そんな生活をこれから送ってみてください。

♡ポイント
「脱・冒険収納」でストレスを感じない生き方を。

4　お部屋の空気を入れ替えましょう

お部屋を綺麗にしたら「空気」を入れ替えましょう

昔に比べて、窓を開ける方がここ最近減ってきているように思えます。

特に、最近の家というのは、高気密・高断熱に非常に優れています。

高気密・高断熱の家は、一言でいうと、「隙間が少ない家」です。寒さや暑さから影響を受けないので、「冬は暖かく夏は涼しい」を実現します。ですが「隙間」が少ないため、どうしても湿気がこもってしまい、ホコリやカビがとどまりやすいのです。

また、「室内のほうが室外の空気より汚れている」という話を聞いたことがあるでしょうか?

人間は呼吸することで二酸化炭素を出しています。人数が多ければその分、二酸化炭素は多く充満します。新鮮な空気を取り込むことで脳の働きがよくなり、集中力もアップします。頭痛持ちの方にも換気はおすすめなのです。

正しい換気のやり方ですが、風がしっかりお部屋全体に届いているか、対角線を意識して2か所、

窓を開けてみてください。このとき風の入り口は窓を半開くらいにあけて、出口の窓を全開にすると、より風の通りはよくなります。最近のキッチンの換気扇も吸い込み口を小さくし、同じように空気を吸い込みやすくしています。

また、サーキュレーターを使い、空気を運ぶお手伝いをしてもらうのも1つの方法です。扇風機と似ていますが、サーキュレーターは部屋の空気を循環させるための道具です。窓の配置を考え、効率よく空気の入れ替えができますので、窓までが遠い場合にもオススメです。

換気時間ですが、8畳のお部屋なら大体「5分」程度で空気が入れ替わると言われていますので、お部屋の広さに合わせて、空気を入れ替えましょう。そんなに時間はかからないのです。朝起きて家を出るまでの間など、カーテンを開け、日差しをあび、窓から風を感じましょう。風水でも、窓を開け、風を入れることは、「運気の流れ」をよくすると言われています。

そして、たまには押入れやクローゼット、下駄箱のドアも開け、「収納の中」にもたくさん綺麗な空気を与えてください。

生き物や植物と同じように「収納」にもきれいな空気を与え、元気にさせてあげましょう。

換気は、家族の健康のためにも、お部屋のためにもすごく重要なんです。

♡ポイント

換気をして気持ちよい風を送り込もう。

5　五感を使った休日を過ごしませんか

自然の中で五感を育む

我が家の休日は、子どもを連れだし、自然の中で過ごすことが多いです。理由は2つあります。

①自然の中で遊ぶことで五感を刺激する

綺麗な景色を見る（視覚）
鳥の声や川の流れる音を聞く（聴覚）
自分で採ったお野菜や果物を食べてみる（味覚）
お花の匂い、草の匂い、森の匂いを知る（嗅覚）
川の水の冷たさを知る（触覚）

これら幼少期に「五感」で味わった経験は、脳に長期記憶として保管されるだけでなく、「幸せな感情」を育て、心を豊かにしてくれます。

自然は五感をフルに使った「感情をつくり出す」、そして「子どもに愛を伝えられる」絶好の学び場だから。

②自然の中で生きる力を育てる

お片づけを学ぶことは、長い人生にとって必要な生きる力である「好奇心」「集中力」「表現力」「判断力」「決断力」「モノを大切にする力」、そこから、生きる力である「自立心」を学ぶことができると、本書の初めのほうに書かせていただきました。

この「生きる力」をさらに強くするために、自然体験を通して「人間が生きていくために必要なこと」を学んでもらいたいと思っています。

枝を集めて火をおこす。火をおこしたら、はじめて食べ物が安全に食べられ、水を飲むことができる。「生きるため」にどういう工夫が必要なのか。これは実際に経験し、やってみないと大変さがわからないものです。食べることのありがたみを知れば、心から「いただきます」と言えるものです。

子どもは既に情報に溢れる便利な世の中で生活をしています。どれだけ便利なのかを身をもって知ることは大切なことです。もし、世界に変化が起こってしまったときに、その身体と自然の中での体験から得た知識、お片づけで学んだ判断力や決断力は、きっと役に立つはずです。

五感を使って、自然を感じる。「おもちゃを使わない休日」を家族で楽しみましょう。

どんな遊びより、学べることは大きく楽しいはずです。

♡ポイント

「おもちゃを使わない」素敵な休日で家族と向き合う。

6　笑顔で毎日過ごしませんか

あなたの笑顔はまわりの人を幸せにします

「笑顔」の素晴らしいところは、まわりの人を笑顔にすることができるということ。

笑顔の人を見ると自分も笑顔になったりしませんか？

子どもに笑顔を向けられると自然と笑顔になりませんか？

誰でも笑顔の人を見るとよい気持ちになりますよね。

そして、「人を笑わせましょう」…「え、どうして？」と思いましたか？

「笑わせる」ということは、「場の雰囲気を明るくする」からです。

実際に、売上が高い会社や子どもの教育に熱心な幼稚園や学校では、入り口を通った瞬間、「場の雰囲気が明るい」ものです。同時に笑顔の方が多いのです。


家庭内でも同じことが言えるでしょう。「夫婦仲が悪いと子どもにも影響を与える」とよく耳にしますよね。「自分のせいでケンカしてるのではないか？」と自己肯定感を低くしてしまったり、険悪な空気が家庭内で流れていると子どもは感情表現もうまくできなくなってしまいます。子どもにとって両親は生きていく上でのお手本。親の行動が子どもに与える影響は大きいのです。

両親の仲がよく、笑顔あふれる家庭では、自然と家庭の雰囲気は明るくなり、子どもは不安を感じることなく、素直に伸び伸びと育つことでしょう。そして「両親のようになりたい」と子どもの自立を後押しできるのです。

笑顔が苦手な方、人を笑わせるのが苦手な方は、自分の顔を鏡でみて口角をあげてみましょう。笑顔にしてみると「なぜか楽しくなる」ということもあります。

「笑う門に福来たる」というように、笑顔でいればきっとあなたにも「幸福」が訪れます。

そして、これからは毎日寝る前に「今日」という日を振り返ってみる。

自分がその日に頑張ったことに対して、自分を褒めてください。

事実を言葉として置き換えることで、十分な褒め言葉になります。

「上手に丸が書けたね」と、あなたが子どもを褒められるなら、きっと自分自身にも上手に褒めることができます。家族にご飯をつくった自分に。お布団を干した自分に。褒めることは「受け入れること」です。

そうして、日々成長することがどんなに素敵で「楽しい」のかを、自分自身に言い聞かせるのです。

さあ、にっこり笑って、あなたの人生を思う存分楽しみましょう。

♡ポイント
笑顔で1日を終えて、笑顔で1日を始めよう。

7　モノと向き合えば将来の自分の姿が見えてくる

自分のよさを引き立ててくれるモノを選ぶ

自分にとって何が必要か。何を大切にしていきたいのか。

モノと向き合うと自然と「自分が大切にしていくモノ」を考えるようになります。

そして、人からすすめられたものではなく「自分のよさを引き立ててくれるモノ」を選ぶようになります。

色鉛筆でイメージしていきましょう。

24本入りの色鉛筆。24本以上を持ち、「持てあましている、無理にしまおうとしている」それが、「整理することが苦手だった以前のあなた」かもしれません。

でも本書を読んでくださったあなたは、無理にしまうことをきっとやめていることでしょう。

そして、その色鉛筆を一度すべて出し、自分の絵を「より素敵に」見せてくれるであろう色を選び、綺麗に整えていく。それが、「整理」ということだと、ご理解いただけたかと思います。

改めて「自分にとって何が必要か?」を考え、それを選ぶことを意識する。

すると、「自分を大切にしたい」、「家族を大切にしたい」と自分にとって本当に価値のあるものを見つけることができます。同時に、「自分を大切にする行動」もとれるようになります。

自分を大切にすることができると、自然と自分の周りにいる人に優しくでき、そして家事や仕事もうまくいく。自分の思考と行動がリンクするのです。

私自身、正しい「モノの整理」をはじめて、ようやく私にとって「必要なもの、大切なもの」を見つけたように思えます。

もともと私の手元にあったものだと気づいたのです。

きっと、多くの情報やモノに埋もれていただけ。

そして、将来どうしていくべきか自分の姿が見えているのです。

私にとって
大切なものは
コレ!
?
大切なものがわからない…

さて、あなたらしさを引き立ててくれるモノは何でしょうか？　あなたが幸せを感じられるのはどんなときでしょうか？　モノと向き合い「大切なモノ」がわかったら、あとは顔を上げて、前に進むだけです。

♡ポイント
自分にとって、本当に「大切なモノ」を見つけよう。

8　新しい暮らしをしてみませんか

「新しい暮らし」「新しい生活」ワクワクしませんか？


誰だって、「新しい暮らし」をすることができます。

「幸せ」を手にすることができます。

やりたいことをやって、後悔しない人生を送ったほうが人は幸せなはずです。

では、やらないのはなぜでしょう？

「めんどくさい」という理由それだけではないですか？

「暮らしを変えたい」と思ったら、変えるタイミングはきっと「今」その瞬間です。

「うちは、新築をたててから15年目だから…」という方でも、お片づけのサポートで伺い「整理収納」を行うと、リフォームしたかのようなビックリした表情で「もっと早く頼めばよかった」と言ってくださいます。私は、以前某大手住宅メーカーの住宅営業とリフォーム営業を経験しましたが、新築住宅やリフォームが完成して引き渡しになるときと同じ表情、いや、それ以上の笑顔で皆さん喜んでくれています。こんなに嬉しいことはありません。

中には、お片づけをしたら「30万円以上の現金」が出てきたこともありました。これには奥様も大喜び。

他にも「毎日の生活がラクになりました」「子どもや主人が勝手にお片づけをしてくれるんです」「夫婦でのケンカがなくなりました」なんて嬉しいお言葉をいただくことも。

それくらい「お片づけ」は、喜びや嬉しさを感じられるのです。

「整理収納」のゴールは「整理収納後」ではなく、「その後の暮らし＝その後の人生」です。

「本当の理想の暮らし」のスタートは「整理をした後から」ということです。

すっきりとした空間で、あなたが家族や友人と、そして子どもと充実した時間をたくさん過ごし、あなた自身が「本当に幸せだ」と言える人生になれば、そのときが私のゴールだと思っています。

最後に、もう一度考えてみませんか？

そのお部屋であなたはどんなことがしたいですか？

家族とどんな時間を過ごしたいですか？

その部屋があなたを待ち望んでいるはずです。

綺麗ごとかもしれませんが、私と出逢った皆さんがより「幸せ」になれたら、それが私の「幸せ」なのです。

♡ポイント
お片づけで新しい暮らしを楽しもう。

9 「しかけ収納」「お片づけの習慣」でハッピーになれるのは誰？

あなたの生活がもっとキラキラ輝やき、幸せでいっぱいになるように

さあ、ここまで来たらもうおわかりでしょう。本書は「子どもがお片づけ上手になるために」ということがテーマですが、実は「子ども」だけでなく、「あなた自身」も幸せになれる本だったのです。あなた自身が幸せであれば、子どもはもちろん、ご主人や周りの友人なども幸せにすることができます。そもそも「幸せ」とは、自分がつくり出す心の状態です。

言い換えると、幸せは「自分でつくることができる感情」なのです。

本書を読んでいただき、過去の生活へのありがたみを感じ、これからのあなたの生活が「もっと輝くもの」でありますように。

その1つの手段として、「お片づけをしかけて習慣化」してもらいたかったのです。

整理収納をすることで自分自身と向き合えば、「時間」「お金」そして「心」のゆとりが生まれます。きっと今よりもっと、「あなたがあなたらしく」輝ける日々を送れることでしょう。

そして、忘れないでほしいのが、子どもの頭の中はママのことでいっぱいということです。

子どもは、本当にママのことが大好き。保育園や幼稚園で書いてくるママの似顔絵はいつもにっこ

り笑っていませんか？　その笑顔のママが、「子どもが思うママ」なのです。

改めて、我が子をよく見てください。あなたを見る子どもの顔はいつも「笑顔」ではないですか。

子どもはママに頭を撫でられるだけで、ぎゅっと抱きしめてもらうだけで幸せを感じます。

靴を揃えたなら「えらいね」の一言ではなく、「ちゃんと靴が揃えられて○○ちゃんは本当に偉いね」と言って、頭を撫でてあげてください。

おもちゃをしまえたなら、「ちゃんとおもちゃがお家に帰れたね、本当に○○ちゃんは優しい子だね」。そして、ぎゅっと抱きしめてみてください。

子どもはその行動を「繰り返し」するようになります。だって、ママが大好きだから。

しつけに一生懸命になりすぎて、子どもに愛情が伝わっていないなら、それはとても残念なことです。

大切なことは、「あなたを愛している」と子どもにたくさん伝えること。

さあ、子どもをぎゅっと抱きしめたくなりませんか。

たくさん抱きしめてあげてください。

♡ポイント

抱きしめることに年齢制限はない。

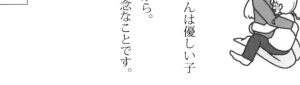

おわりに

今、あなたはどんな気持ちでしょうか。

もう「しかけて」いますか。

今日から1つでも「しかけ」ようと思っているあなた。

ぜひ、すぐに実践してみてください。

本書で伝えたいのは「整理収納」ができるようになるノウハウだけではありません。

「整理収納」＝「しかけ収納」から、「あなたをもっと幸せにするための手段」です。

そして、子どもが1人ひとり違うように、子育てにおいていろいろな工夫が必要です。

今日は効果があっても明日は違うかもしれないのです。

なぜなら、子どもは日々育ち、成長していくものだからです。

そして人の真似をした収納ではなく、あなたらしい方法で子どもの未来と向き合ってください。

好きなモノだけに囲まれ、「お片づけ」で怒ることがなくなり、よりお子様とふれあう時間にするために、あなた自身がまず「幸せ」を実感してみてください。

子どもも大人も「楽しむ」ことが、理想の暮らしや夢への一歩です。

きっと、今まで感じたことがない新しい世界が待っています。

そして整理収納で得られた判断力や決断力、「生きる力」は今後きっとお子様の役にたつはずです。

最後になりましたが、本書を書くきっかけを下さったカール友波さまや須賀さま。一生懸命協力してくださったイラストレーターのマシマリコちゃん、文章校正を手伝ってくれた矢嶋紗也ちゃん。本書の制作にご協力していただいたすべての皆様、そしていつも支えてくれる大切な家族、そして友人たち。

何より、ここまでお読みくださった読者の皆様に感謝を込めて、最後にお礼申し上げます。

本当にありがとうございました。

1日に1回は幸せな習慣を。

吉井　瑞紀

著者略歴

吉井　瑞紀（よしい　みずき）

1990年生まれ、群馬県高崎市出身。東京経済大学コミュニケーション学部卒業。

某大手住宅メーカーにて住宅営業・リフォーム営業を経て独立。

現在は「ぐんま整理収納サポートここから」を立ち上げ、お客様のご自宅に伺うお片づけサポート、イベントや講演会などで「お片づけ」を中心としたセミナーを開催。

お子様向けに「お片づけの習い事」なども定期開催している。

セミナー参加者通算1,000人を超え、お片づけサポート実績も100件以上と、群馬県を中心に多くのお客様に支持されている。

【資格】整理収納アドバイザー1級。整理収納アドバイザー2級認定講師。整理収納教育士認定講師等。

ホームページ：https://kokokara.gunma.com/

インスタグラム：minene02

イラスト　マシマ　リコ

子どもとママの「お片づけ」のしかけ！

―お片づけ上手になるために最初に読む本

2019年12月3日発行

著　者　吉井　瑞紀

発行人　森　忠順
発行所　株式会社 セルバ出版
〒113-0034
東京都文京区湯島1丁目12番6号 高関ビル5B
☎ 03（5812）1178　FAX 03（5812）1188
http://www.seluba.co.jp/
発　売　株式会社 創英社／三省堂書店
〒101-0051
東京都千代田区神田神保町1丁目1番地
☎ 03（3291）2295　FAX 03（3292）7687

印刷・製本　モリモト印刷株式会社

●本書の内容に関する質問はFAXでお願いします。

Printed in JAPAN
ISBN978-4-86367-541-4